JN446391

대한민국 법령 시리즈 164

어장관리법

법령

시행령

시행규칙

해광출판사

머리말

이 책은 방대한 법전을 보지 않고 간편하게 해당되는 법령만 참고해서 볼 수 있도록 하였습니다. 공공기관이나 관련 종사자들이 쉽고 간편하게 해당 법령을 참조 할 수 있도록 하였습니다.

특히 해당법률은 물론 관련 시행령, 시행규칙을 함께 실어 관련법을 서로 참고할 수 있게 하였습니다.

법률이라는 것이 크든 작든 항상 변하는 관계로, 출간 이후의 정확하고 최신의 법률은 법제처 국가법령정보센터에서 확인이 가능하니 법률의 실제 적용 시 확인이 필요한 점 유의하기를 바랍니다.

편집부

* 수록 법률은 법제처 국가법령정보센터에서 확인 가능합니다.
* 발행일 기준 시행 법률이므로 최신 법령은 위 센터에서 볼 수 있습니다.
* 본 책자에 수록된 법률의 문구에 대하여 법적인 효력은 없으며,
  실제 적용 법률은 위 센터에서 최신의 법률로 확인하시기 바랍니다.
* 해당 법령과 함께 시행령, 시행규칙도 수록되어 있습니다.
* 발행일 기준으로 개정 예정 법률은 밑줄로 별도 표시되어 있으며,
  보다 정확한 것은 법제처에서 확인하기 바랍니다.

목차

어장관리법

[시행 2025. 10. 23.] [법률 제20945호, 2025. 4. 22., 일부개정]

**개정 예정 법률 밑줄 별도 표시.

어장관리법

[시행 2025. 10. 23.] [법률 제20945호, 2025. 4. 22., 일부개정]

제1장 총칙

제1조(목적) 이 법은 어장(漁場)을 효율적으로 보전·이용하고 관리하는데 필요한 사항을 규정함으로써 어장의 환경을 보전·개선하고 지속가능한 어업과 양식업생산의 기반을 조성하여 어장의 생산성을 높이고 어업인, 양식업자 및 양식업종사자의 소득을 증대하는 것을 목적으로 한다. 〈개정 2019. 8. 27.〉

제2조(정의) 이 법에서 사용하는 용어의 뜻은 다음과 같다. 〈개정 2009. 4. 22., 2013. 8. 13., 2019. 8. 27., 2022. 1. 11.〉

1. "어장"이란 「수산업법」 제7조에 따른 면허(이하 "어업면허"라 한다)나 같은 법 제40조제3항에 따른 허가(이하 "어업허가"라 한다)를 받아 어업을 하는 일정한 수면(水面)과「양식산업발전법」 제10조제1호부터 제6호에 따른 면허(이하 "양식업면허"라 한다)를 받아 양식하는 수면을 말한다.

2. "어업"이란 어업면허 또는 어업허가를 받아 수산동식물을 포획·채취하는 사업을 말한다.

2의2. "양식업"이란 「양식산업발전법」 제2조제2호에 따라 수산동식물을 양식하는 사업을 말한다.

3. "면허 · 허가동시갱신"이란 행정청이 관할하고 있는 어장관리 해역별로 어장을 정화하거나 정비하기 위하여 그 어장에 관한 종전의 어업면허, 어업허가 또는 양식업면허를 취소하고 동시에 그 취소된 자에게 새로운 어업면허, 어업허가 또는 양식업면허를 하는 것을 말한다.

4. "어장휴식"이란 환경이 심하게 오염되어 병해(病害)가 자주 생기고 생산성이 떨어진 어장에 대하여 그 어업 또는 양식업을 일정기간 쉬게 하는 것을 말한다.

5. "어장정화 · 정비"란 환경오염으로 인하여 생기는 어장의 피해를 막고 어장을 효율적으로 이용하며 지속가능한 어업과 양식업생산의 기반을 조성하기 위하여 하여야 하는 다음 각 목의 어느 하나에 해당하는 일 또는 그와 유사한 것을 말한다.

가. 어장의 퇴적물이나 어장에 버려진 폐기물을 수거하거나 처리하는 일

나. 어장의 바닥을 갈거나 어장의 바닥에 흙이나 모래를 새로 까는 일

다. 어장에 설치된 시설물을 다시 배치하는 일

6. "어장정화 · 정비업"이란 어장을 정화하거나 정비하는 사업을 말한다.

7. "어장환경"이란 어장에 서식하는 생물체와 이를 둘러싸고 있는 바닷물, 해저지형 등 비생물적 환경 및 어장에서의 인간의 행동양식을 포함하는 것으로서 어장의 자연 및 생태를 말한다.

제2장 어장의 적정한 이용

제3조(어장관리 기본계획) ① 해양수산부장관은 어장을 종합적이고 체계적으로 관리하기 위하여 5년마다 어장관리 기본계획(이하 "기본계획"이라 한다)을 수립하여야 한다. 〈개정 2008. 2. 29., 2013. 3. 23.〉

② 기본계획에는 다음 각 호의 사항이 포함되어야 한다. 〈개정 2008. 2. 29., 2013. 3. 23.〉

1. 어장관리에 관한 정책목표 및 기본방향
2. 어장환경을 보전하고 어장을 효율적으로 이용하기 위한 방안
3. 어장의 정화와 정비에 관한 기본방향
4. 그 밖에 어장을 효율적으로 관리하기 위하여 해양수산부장관이 필요하다고 인정하는 사항

③ 해양수산부장관은 기본계획을 수립하려면 미리 광역시장·도지사 또는 특별자치도지사(이하 "시·도지사"라 한다)의 의견을 듣고 「수산업법」 제95조에 따른 중앙수산조정위원회(이하 "중앙수산조정위원회"라 한다)의 심의를 거쳐야 한다. 기본계획을 변경하려는 때에도 같은 절차를 거쳐야 한다. 〈개정 2008. 2. 29., 2009. 4. 22., 2013. 3. 23., 2022. 1. 11.〉

④ 해양수산부장관은 기본계획을 수립하거나 변경한 때에는 시·도지사에게 통보하여야 하며, 시·도지사는 기본계획과 지역 여건·특성 등을 고려하여 정한 기본계획의 세부 시행지침을 시장·군수·구청장(자치구의 구청장을 말한다. 이하 같다)에게 통보하여야 한다. 〈개정 2008. 2. 29., 2013. 3. 23.〉

⑤ 해양수산부장관은 제1항에 따라 기본계획을 수립할 때에는 관

계 행정기관의 장에게 필요한 자료를 제출하도록 요구할 수 있으며, 자료 제출을 요구받은 행정기관의 장은 특별한 사유가 없으면 요구받은 자료를 제출하여야 한다. 〈개정 2008. 2. 29., 2013. 3. 23.〉

⑥ 해양수산부장관은 기본계획을 수립하거나 변경한 때에는 이를 지체 없이 국회 소관 상임위원회에 제출하고 고시하여야 한다. 〈신설 2018. 12. 31.〉

제4조(어장관리 시행계획) ① 시장(특별자치도의 경우에는 특별자치도지사를 말한다. 이하 같다)·군수·구청장은 제3조에 따른 기본계획과 그 세부 시행지침에 따라 5년마다 그 관할 어장에 대하여 어장관리 시행계획(이하 "시행계획"이라 한다)을 수립하여야 한다. 〈개정 2013. 8. 13.〉

② 시행계획에는 다음 각 호의 사항이 포함되어야 한다.

1. 면허·허가동시갱신에 관한 사항
2. 어장면적의 조정 등 어장의 적정한 이용에 관한 사항
3. 어장휴식에 관한 사항
4. 어장정화·정비에 관한 사항
5. 그 밖에 효율적인 어장관리를 위하여 시·도지사 또는 시장·군수·구청장이 필요하다고 인정하는 사항

③ 시장·군수·구청장은 시행계획을 수립하려면 미리 시·도지사와 협의를 거친 후 「수산업법」 제95조에 따른 시·군·구수산조정위원회(특별자치도의 경우에는 시·도수산조정위원회를 말하며, 이하 "시·군·구수산조정위원회"라 한다)의 심의를 거쳐야 한다. 수립된 시행계획을 변경하려는 때에도 같은 절차를 거쳐야 한다. 〈개정

2009. 4. 22., 2013. 8. 13., 2022. 1. 11.〉

④ 시장·군수·구청장이 시행계획을 수립하거나 변경한 때에는 그 사실을 고시하여야 한다.

제5조(어장관리해역의 지정 등) ① 해양수산부장관은 제6조에 따른 어장환경의 조사 결과 어장이 다음 각 호의 어느 하나에 해당하면 그 어장을 어장관리해역으로 지정할 수 있다. 〈개정 2013. 8. 13.〉

1. 제11조제1항에 따른 어장환경기준에 맞지 아니한 경우

2. 어장환경의 보전에 장애가 있거나 장애가 발생할 우려가 있는 경우

② 해양수산부장관은 제1항에 따른 어장관리해역(이하 "어장관리해역"이라 한다)을 지정하는 경우에는 어장과 어장 사이의 수면 등 어장의 주변 수면을 포함하여 지정할 수 있다. 〈개정 2013. 8. 13.〉

③ 해양수산부장관은 어장관리해역을 지정하려면 미리 관할 시·도지사 및 시장·군수·구청장과 협의를 거친 후 중앙수산조정위원회의 심의를 거쳐야 한다. 지정된 어장관리해역을 변경하거나 해제하려는 때에도 같은 절차를 거쳐야 한다. 〈개정 2013. 8. 13.〉

④ 해양수산부장관은 어장관리해역을 지정·변경하거나 해제한 때에는 그 사실을 고시하여야 한다. 〈개정 2013. 8. 13.〉

⑤ 해양수산부장관은 제1항에 따라 지정된 어장관리해역의 전부 또는 일부가 다음 각 호의 어느 하나에 해당하면 지체 없이 어장관리해역의 지정을 해제하거나 변경하여야 한다. 〈신설 2013. 8. 13.〉

1. 제11조제1항에 따른 어장환경기준에 적합하게 된 경우

2. 어장관리해역으로 지정한 사유가 없어진 경우

3. 어장관리해역으로 지정한 목적을 달성할 수 없게 된 경우

⑥ 어장관리해역의 지정 대상은 대통령령으로 정하고, 그 밖에 어장관리해역의 지정 방법과 지정 절차 등에 관하여 필요한 사항은 해양수산부령으로 정한다. 〈개정 2008. 2. 29., 2013. 3. 23., 2013. 8. 13.〉

제6조(어장환경의 조사) ① 해양수산부장관은 어장의 효율적인 이용·보전과 어장환경 상태 및 오염원(汚染源)의 측정·조사 등을 위하여 해양수산부령으로 정하는 바에 따라 어장환경조사망을 구성·운영하고 정기적으로 어장환경을 조사하여야 한다. 〈개정 2013. 8. 13.〉

② 해양수산부장관은 환경오염이 심각하여 긴급하게 어장환경을 조사할 필요성이 있다고 인정되는 어장이나 시장·군수·구청장이 조사를 요청한 어장에 대하여는 수시로 그 어장환경을 조사할 수 있다. 〈개정 2008. 2. 29., 2013. 3. 23., 2013. 8. 13.〉

③ 제1항과 제2항에 따른 어장환경의 조사 내용과 방법 등에 관하여 필요한 사항은 대통령령으로 정한다.

제6조의2(어장환경정보망) ① 해양수산부장관은 대통령령으로 정하는 바에 따라 어장환경정보망을 구축하고 국민에게 제6조에 따른 어장환경의 조사 결과 등 어장환경에 관한 정보를 제공하여야 한다.

② 해양수산부장관은 제1항에 따른 어장환경정보망의 구축·운영을 위하여 필요하면 관계 행정기관의 장에게 필요한 자료의 제출을

요구할 수 있다. 이 경우 관계 행정기관의 장은 정당한 사유가 없으면 그 요구에 따라야 한다.

[본조신설 2013. 8. 13.]

제7조 삭제 〈2013. 8. 13.〉

제8조(면허ㆍ허가동시갱신) ① 시장ㆍ군수ㆍ구청장은 어장을 효율적으로 관리하기 위하여 필요하다고 인정되는 때에는 관할 어장관리해역별로 면허ㆍ허가동시갱신을 실시할 수 있다. 다만, 시장ㆍ군수ㆍ구청장은 그 어장관리해역 중 「수산업법」 제13조제5항 및 「양식산업발전법」 제15조제1항부터 제3항까지에 따라 어업면허 또는 양식업면허의 우선순위에서 제외되는 자가 어업을 경영하는 어장은 시ㆍ군ㆍ구수산조정위원회의 심의를 거쳐 면허ㆍ허가동시갱신을 실시하지 아니할 수 있다. 〈개정 2009. 4. 22., 2013. 8. 13., 2019. 8. 27., 2022. 1. 11.〉

② 시장ㆍ군수ㆍ구청장은 면허ㆍ허가동시갱신을 실시하려면 미리 그 시기 등에 관하여 해당 어장관리해역 안에서 어업면허, 어업허가 또는 양식업면허를 받은 자의 의견을 듣고, 시ㆍ군ㆍ구수산조정위원회의 심의를 거쳐야 한다. 〈개정 2013. 8. 13., 2019. 8. 27.〉

③ 시장ㆍ군수ㆍ구청장은 면허ㆍ허가동시갱신을 실시한 어장이 「수산업법」 제34조(같은 법 제50조에 따라 준용되는 경우를 포함한다)에 따라 어업면허 또는 어업허가가 취소된 경우 또는 「양식산업발전법」 제27조에 따라 양식업면허가 취소된 경우 그 해역 안의 다른 인근 어장의 어업면허 또는 양식업면허 유효기간(유효기간의 연장 허가기간을 포함한다. 이하 같다) 또는 어업허가 유효기간이 지

날 때까지 그 수면에 대하여 새로운 어업면허, 어업허가 또는 양식업면허를 하여서는 아니 된다. 〈개정 2009. 4. 22., 2013. 8. 13., 2019. 8. 27., 2022. 1. 11.〉

④ 시장·군수·구청장은 제1항 단서에 따라 면허·허가동시갱신을 실시하지 아니한 어장이 「수산업법」 제34조에 따라 어업면허가 취소되거나 어업면허 유효기간이 지난 경우 또는 「양식산업발전법」 제27조에 따라 양식업면허가 취소되거나 양식업면허 유효기간이 지난 경우 그 해역 안의 인근 어장의 어업면허 또는 양식업면허 유효기간이 지날 때까지 그 수면에 대하여 새로운 어업면허 또는 양식업면허를 하여서는 아니 된다. 〈개정 2009. 4. 22., 2013. 8. 13., 2019. 8. 27., 2022. 1. 11.〉

⑤ 시장·군수·구청장은 면허·허가동시갱신을 실시한 어장관리해역 안에 새로운 어업면허, 어업허가 또는 양식업면허를 하거나 어업면허 또는 양식업면허 유효기간을 연장하여 허가할 때에는 그 해역 안의 인근 어장의 어업면허, 어업허가 또는 양식업면허의 유효기간과 일치하도록 어업면허·어업허가·양식업면허 또는 어업면허·양식업면허 유효기간의 연장허가를 하여야 한다. 〈개정 2019. 8. 27.〉

⑥ 제1항에 따른 면허·허가동시갱신의 절차와 방법 등에 관하여 필요한 사항은 대통령령으로 정한다.

제9조(어장휴식) ① 시장·군수·구청장은 어업면허 또는 양식업면허를 받은 어장이 있는 어장관리해역에 대하여 어장휴식에 관한 계획(이하 "어장휴식계획"이라 한다)을 수립할 수 있다. 〈개정 2013. 8. 13., 2019. 8. 27.〉

② 시장·군수·구청장은 어장휴식계획을 수립하려면 그 해역 안에서 어업면허 또는 양식업면허를 받은 자와 미리 그 시기·기간·방법 등에 관하여 협의하여야 한다. 수립된 어장휴식계획을 변경하려는 때에도 같은 절차를 거쳐야 한다. 〈개정 2019. 8. 27.〉

③ 시장·군수·구청장은 어장휴식계획을 수립하거나 변경한 때에는 그 사실을 고시하고 이와 관계있는 사람들이 열람할 수 있도록 하여야 한다.

④ 시장·군수·구청장은 어장휴식계획에 따라 어장휴식을 실시하는 어장의 휴식기간 중에 어장정화·정비를 우선적으로 실시하여야 한다.

⑤ 시장·군수·구청장은 어업면허 또는 양식업면허 유효기간 중에 어장휴식을 실시하지 아니한 어장에 대하여는 그 어업면허 또는 양식업면허 유효기간이 지난 날부터 2년 동안 어장휴식을 실시한 후 새로운 어업면허 또는 양식업면허를 하여야 한다. 다만, 대통령령으로 정하는 어장의 경우에는 어장의 어장휴식을 실시하지 아니하여도 새로운 어업면허를 할 수 있다. 〈개정 2019. 8. 27.〉

⑥ 어장휴식계획의 수립 및 열람과 그 밖에 어장휴식에 관하여 필요한 사항은 대통령령으로 정한다.

제10조(어장면적의 조정 등) ① 시장·군수·구청장은 어업면허, 어업허가 또는 양식업면허의 유효기간이 지난 수면에 대하여 새로운 어업면허, 어업허가 또는 양식업면허를 하는 경우 제11조의2에 따른 어장환경평가 결과를 고려하여 어장을 효율적으로 이용하고 어장환경을 보전·개선하기 위하여 필요하다고 인정되면 기존의 어장면

적 및 어장위치를 조정하여 어업면허, 어업허가 또는 양식업면허를 하여야 한다. 〈개정 2013. 8. 13., 2019. 8. 27.〉

② 시장·군수·구청장은 제11조의2에 따른 어장환경평가 결과 자정능력(自淨能力)의 한계를 넘었다고 인정되는 어장에 대하여는 새로운 어업면허, 어업허가 또는 양식업면허를 하여서는 아니 된다. 〈개정 2013. 8. 13., 2019. 8. 27.〉

제11조(어장환경 기준의 설정 등) ① 해양수산부장관은 국민의 건강을 보호하기 위하여 필요하다고 인정되면 수산동식물의 포획·채취 또는 양식을 제한하거나 금지하는 것을 내용으로 하는 수질과 퇴적물 등에 관한 어장환경기준을 설정하여 고시할 수 있다. 〈개정 2008. 2. 29., 2013. 3. 23.〉

② 시장·군수·구청장은 어장에서 다음 각 호의 어느 하나에 해당하는 수산동식물을 포획하거나 채취하는 것을 제한하거나 금지할 수 있다.

1. 제1항에 따른 어장환경기준에 맞지 아니한 곳에서 살고 있는 수산동식물

2. 「식품위생법」 제7조제1항에 따른 성분 규격에 맞지 아니한 수산동식물

③ 시장·군수·구청장은 제1항에 따른 어장환경기준에 맞지 아니한 어장에서 수산동식물을 양식하는 것을 제한하거나 금지할 수 있다.

④ 시장·군수·구청장은 제2항 및 제3항에 따른 제한이나 금지를 명하려면 미리 그 대상이 되는 수산동식물의 종류·시기 및 해역 등

제한하거나 금지하려는 내용을 구체적으로 정하여 고시하여야 한다.

제11조의2(어장환경평가) ① 해양수산부장관은 어장을 효율적으로 이용하고 어장환경을 보전·개선하기 위하여 어장에 대하여 그 어업면허, 어업허가 또는 양식업면허의 유효기간이 끝나는 날의 1년 전까지 어장환경에 관한 평가(이하 "어장환경평가"라 한다)를 하여야 한다. 〈개정 2019. 8. 27., 2022. 12. 27.〉

② 어장환경평가의 대상, 평가 항목·방법 및 절차 등에 관하여 필요한 사항은 해양수산부령으로 정한다.

[본조신설 2013. 8. 13.]

제3장 어장의 정화와 정비

제12조(어장의 관리의무) ① 어업면허, 어업허가 또는 양식업면허를 받은 자는 어장환경을 보전하고 개선하기 위하여 대통령령으로 정하는 바에 따라 어장의 퇴적물이나 어장에 버려진 폐기물을 수거·처리(이하 "어장청소"라 한다)하여야 한다. 다만, 「재난 및 안전관리 기본법」에 따른 재난으로 인한 폐기물 등에 대하여는 그러하지 아니하다. 〈개정 2013. 8. 13., 2019. 8. 27.〉

② 어장정화·정비를 실시한 어장은 그 사업을 실시한 것을 제1항 전단에 따라 어장청소한 것으로 본다.

③ 어업면허, 어업허가 또는 양식업면허를 받은 자는 어장청소에 관한 업무를 제17조에 따라 어장정화·정비업의 등록을 한 자에게 위탁하여 실시할 수 있다. 〈개정 2019. 8. 27.〉

④ 시장·군수·구청장은 어업면허, 어업허가 또는 양식업면허를

받은 자가 제1항을 위반하여 어장청소를 하지 아니하는 경우에는 대통령령으로 정하는 바에 따라 기간을 정하여 어장청소를 명할 수 있다. 〈신설 2022. 12. 27.〉

⑤ 어장청소 주기(週期) 등에 관하여 필요한 사항은 대통령령으로 정한다. 〈신설 2013. 8. 13., 2022. 12. 27.〉

제12조의2(이행강제금) ① 시장·군수·구청장은 제12조제4항에 따른 명령을 받고 그 정한 기간 내에 명령을 이행하지 아니한 자에게 어장 규모 등을 고려하여 250만원 이하의 이행강제금을 부과한다.

② 시장·군수·구청장은 제12조제4항에 따른 최초의 명령을 한 날을 기준으로 1년에 2회 이내의 범위에서 그 명령이 이행될 때까지 반복하여 제1항에 따른 이행강제금을 부과·징수할 수 있다.

③ 제1항에 따른 이행강제금 부과 금액의 세부 산정기준 등 이행강제금의 부과 및 징수에 필요한 사항은 대통령령으로 정한다.

[본조신설 2022. 12. 27.]

제13조(어업인의 어장관리 의무) ① 어업면허, 어업허가 또는 양식업면허를 받은 자와 그 종사자(이하 이 조에서 "어업인 또는 양식업자"이라 한다)는 어업 활동 중 그물·밧줄 등 어구와 양식시설물 등을 어장에 버리거나 내버려두어서는 아니 된다. 〈개정 2019. 8. 27., 2020. 2. 18.〉

② 어업인 또는 양식업자가 그물·밧줄 등 어구와 양식시설물 등을 폐기하려면 시장·군수·구청장이 설치·운영하는 장소에서 처리하거나 처리하게 하여야 한다. 다만, 그물·밧줄 등 어구와 양식시설물 등이 「폐기물관리법」제2조제3호에 따른 사업장폐기물에 해당

하면 같은 법 제18조에 따라 처리하여야 한다. 〈개정 2019. 8. 27.〉

③ 어업인 또는 양식업자가 그물·밧줄 등 어구와 양식시설물 등을 어장에 설치할 때 부표를 사용하는 경우에는 해양수산부령으로 정하는 규격에 맞는 물품을 사용하여야 한다. 〈개정 2008. 2. 29., 2013. 3. 23., 2019. 8. 27.〉

제14조(어장정화·정비실시계획 등) ① 해양수산부장관은 매년 어장의 정화·정비에 관한 집행지침을 수립하여 시·도지사에게 통보하여야 하며, 시·도지사는 통보받은 집행지침과 지역의 여건·특성 등을 고려하여 정한 어장정화·정비 세부 지침을 시장·군수·구청장에게 통보하여야 한다. 〈개정 2008. 2. 29., 2013. 3. 23.〉

② 시장·군수·구청장은 제1항에 따른 어장정화·정비 세부 지침에 따라 매년 관할 어장에 대하여 어장정화·정비 실시계획(이하 "어장정화·정비실시계획"이라 한다)을 수립하여야 한다.

③ 시장·군수·구청장은 제2항에 따라 어장정화·정비실시계획을 수립하려면 미리 시·군·구수산조정위원회의 심의를 거쳐야 한다. 어장정화·정비실시계획을 변경하려는 때에도 같은 절차를 거쳐야 한다. 〈개정 2013. 8. 13.〉

④ 시장·군수·구청장은 어장정화·정비실시계획을 수립하거나 변경한 때에는 그 사실을 고시하여야 한다.

⑤ 어장정화·정비실시계획의 수립 절차와 내용 등에 관하여 필요한 사항은 해양수산부령으로 정한다. 〈개정 2008. 2. 29., 2013. 3. 23.〉

제15조(어장정화ㆍ정비의 실시 등) 시장ㆍ군수ㆍ구청장은 어장정화ㆍ정비실시계획에 따라 관할 어장에 대하여 어장정화ㆍ정비를 실시하여야 한다.

제16조(어장정화ㆍ정비의 대행) ① 시장ㆍ군수ㆍ구청장은 어장정화ㆍ정비를 효율적으로 실시하기 위하여 필요하다고 인정하면 그 어장정화ㆍ정비의 전부 또는 일부를 제17조에 따라 어장정화ㆍ정비업의 등록을 한 자에게 대행하게 할 수 있다.

② 어장정화ㆍ정비업을 등록한 자가 제1항에 따른 어장정화ㆍ정비를 대행하려면 제17조에 따라 등록된 선박을 사용하여야 한다.

제17조(어장정화ㆍ정비업의 등록 등) ① 어장정화ㆍ정비업을 하려는 자는 선박과 기술인력, 자본금 및 시설ㆍ장비 등 대통령령으로 정하는 등록 기준을 갖추어 해양수산부령으로 정하는 바에 따라 시ㆍ도지사에게 등록하여야 한다. 등록한 사항을 변경하려는 경우에도 또한 같다. 〈개정 2008. 2. 29., 2013. 3. 23.〉

② 제1항에 따라 등록하거나 변경등록을 한 자가 어장정화ㆍ정비업을 휴업ㆍ재개업 또는 폐업하려면 해양수산부령으로 정하는 바에 따라 시ㆍ도지사에게 신고하여야 한다. 〈개정 2008. 2. 29., 2013. 3. 23.〉

제18조(등록의 제한) 다음 각 호의 어느 하나에 해당하는 자(법인인 경우에는 그 대표자를 포함한다)는 제17조에 따른 어장정화ㆍ정비업의 등록을 할 수 없다. 〈개정 2009. 4. 22., 2013. 8. 13., 2014. 3. 18., 2018. 12. 31., 2019. 8. 27.〉

1. 피성년후견인

2. 파산선고를 받고 복권되지 아니한 자

3. 이 법이나 「수산업법」,「양식산업발전법」 및 「수산자원관리법」을 위반하여 금고 이상의 실형을 선고받고 그 집행이 끝나거나(집행이 끝난 것으로 보는 경우를 포함한다) 집행을 받지 아니하기로 확정된 날부터 1년이 지나지 아니한 자

4. 이 법이나 「수산업법」,「양식산업발전법」 및 「수산자원관리법」을 위반하여 금고 이상의 형의 집행유예를 선고받고 그 유예기간 중에 있는 자

5. 제20조에 따라 어장정화·정비업의 등록이 취소(이 조 제1호 또는 제2호에 해당하여 등록이 취소된 경우는 제외한다)된 날부터 1년이 지나지 아니한 자

제19조(영업의 승계) ① 어장정화·정비업을 등록한 자가 그 영업을 양도하거나 사망한 때 또는 법인이 합병한 때에는 그 양수인·상속인 또는 합병 후에 존속하는 법인이나 합병에 따라 설립되는 법인이 종전의 어장정화·정비업을 등록한 자의 지위를 승계한다.

② 다음 각 호의 어느 하나에 해당하는 절차에 따라 어장정화·정비업의 시설·설비의 전부를 인수한 자는 해당 등록에 따른 권리와 의무를 승계한다. 〈개정 2010. 3. 31., 2016. 12. 27.〉

1. 「민사집행법」에 따른 경매

2. 「채무자 회생 및 파산에 관한 법률」에 따른 환가(換價)

3. 「국세징수법」, 「관세법」 또는 「지방세징수법」에 따른 압류재산의 매각

4. 그 밖에 제1호부터 제3호까지의 규정에 준하는 절차

③ 제1항과 제2항에 따라 어장정화·정비업의 등록에 따른 권리와 의무를 승계한 자는 해양수산부령으로 정하는 바에 따라 1개월 이내에 시·도지사에게 신고하여야 한다. 〈개정 2008. 2. 29., 2013. 3. 23.〉

④ 제1항과 제2항에 따른 승계에는 제18조를 준용한다.

제20조(등록의 취소 등) ① 시·도지사는 어장정화·정비업의 등록을 한 자가 다음 각 호의 어느 하나에 해당하면 그 등록을 취소하거나 6개월 이내의 기간을 정하여 영업정지를 명할 수 있다. 다만, 제1호나 제2호에 해당하면 등록을 취소하여야 한다. 〈개정 2009. 4. 22., 2019. 8. 27., 2022. 1. 11., 2025. 4. 22.〉

1. 거짓이나 그 밖의 부정한 방법으로 등록이나 변경등록을 한 경우

2. 제18조 각 호의 어느 하나에 해당하는 경우

3. 제17조제1항에 따른 등록 기준에 미달하게 된 경우. 다만, 「소상공인기본법」 제2조에 따른 소상공인 및 「중소기업기본법」 제2조제2항에 따른 소기업이 일시적으로 등록 기준에 미달하는 경우로서 대통령령으로 정하는 경우는 예외로 한다.

4. 어장정화·정비업에 사용하는 선박을 「수산업법」 제40조·제43조·제48조·제63조, 「양식산업발전법」 제43조, 제52조에 따라 준용되는 제19조 및 제55조제1항을 위반하여 수산동식물의 포획·채취 또는 양식에 사용한 경우

② 제1항에 따른 행정처분의 세부 기준과 절차에 관하여는 그 위반행위의 유형과 정도 등을 고려하여 해양수산부령으로 정한다. 〈개

정 2008. 2. 29., 2013. 3. 23.〉

제4장 보칙

제21조(다른 법령의 준용) 이 법이나 이 법에 따른 명령을 위반하여 포획·채취 또는 양식한 수산동식물의 소지·운반 금지, 처리·가공 금지 및 판매 금지와 방류명령(放流命令)에 관하여는 「수산자원관리법」 제16조와 제17조를 준용한다. 〈개정 2009. 4. 22.〉

제22조(청문) 시·도지사는 제20조에 따라 어장정화·정비업의 등록을 취소하려면 청문을 하여야 한다.

제23조(어장에의 출입 등) ① 제6조 및 제11조의2에 따라 어장환경의 조사 또는 어장환경평가를 하는 공무원(제26조제3항에 따라 위탁받은 업무에 종사하는 기관 및 단체의 임직원을 포함한다. 이하 같다)은 그 조사 또는 평가를 하기 위하여 필요한 경우 다음 각 호의 행위를 할 수 있다. 〈개정 2013. 8. 13., 2024. 1. 23.〉

1. 조사 또는 평가 대상 어장의 출입
2. 조사 또는 평가에 필요한 최소량의 시료 채취
3. 특별히 필요하다고 인정되는 경우 어장에 설치된 시설물의 사용 또는 제거

② 제1항에 따라 어장에 출입하려는 자는 출입하려는 날의 5일 전까지 그 어장에서 어업 또는 양식업을 경영하는 자나 그 밖에 어장의 관리인(이하 "어장관리인"이라 한다)에게 그 날짜·시간 및 장소를 알려야 한다. 〈개정 2019. 8. 27.〉

③ 어장환경의 조사 또는 어장환경평가를 실시하는 공무원은 제1

항제2호 또는 제3호에 따른 행위를 하려면 미리 어장관리인의 동의를 받아야 한다. 다만, 어장관리인을 알 수 없거나 그 밖의 부득이한 사유가 있으면 어장관리인의 동의를 받지 아니하여도 된다. 〈개정 2013. 8. 13.〉

1. 삭제 〈2013. 8. 13.〉

2. 삭제 〈2013. 8. 13.〉

3. 삭제 〈2013. 8. 13.〉

④ 제1항에 따른 행위를 하려는 공무원은 해양수산부령으로 정하는 바에 따라 그 신분을 나타내는 증표를 지니고 이를 관계인에게 내보여야 한다. 〈개정 2008. 2. 29., 2013. 3. 23.〉

⑤ 공무원이 제1항에 따라 어장환경의 조사 또는 어장환경평가를 하는 경우 어장관리인은 정당한 사유 없이 제1항 각 호에 따른 공무원의 행위를 거부·방해하거나 기피하여서는 아니 된다. 〈신설 2013. 8. 13.〉

제24조(손실보상) ① 해양수산부장관은 제23조제1항에 따른 행위로 인하여 손실을 입은 자가 있는 때에는 그 손실을 보상(補償)하여야 한다. 〈개정 2008. 2. 29., 2013. 3. 23., 2013. 8. 13., 2022. 12. 27.〉

② 제1항에 따른 손실에 관하여는 해양수산부장관과 손실을 입은 자가 협의하여야 한다. 〈개정 2008. 2. 29., 2013. 3. 23., 2013. 8. 13., 2022. 12. 27.〉

③ 제2항에 따른 협의가 성립되지 아니하거나 협의를 할 수 없으면 관할 토지수용위원회에 재결(裁決)을 신청할 수 있다.

제25조(국고 보조) 국가는 예산의 범위 안에서 제15조에 따른 어장 정화·정비의 실시에 필요한 비용의 전부나 일부를 보조하여 줄 수 있다.

제26조(권한 등의 위임 및 위탁) ① 이 법에 따른 해양수산부장관의 권한은 대통령령으로 정하는 바에 따라 그 일부를 소속 기관의 장 또는 시·도지사에게 위임할 수 있다. 〈개정 2008. 2. 29., 2013. 3. 23., 2013. 8. 13.〉

② 이 법에 따른 시·도지사의 권한은 대통령령으로 정하는 바에 따라 그 일부를 시장·군수·구청장에게 위임할 수 있다.

③ 이 법에 따른 해양수산부장관 또는 시장·군수·구청장의 업무는 그 일부를 대통령령으로 정하는 바에 따라 수산에 관한 전문적인 조사·연구 기능을 갖춘 기관 또는 단체에 위탁할 수 있다. 〈신설 2013. 8. 13., 2024. 1. 23.〉

[제목개정 2013. 8. 13., 2024. 1. 23.]

제26조의2(벌칙 적용에서 공무원 의제) 제26조제3항에 따라 위탁받은 업무에 종사하는 기관 및 단체의 임직원은 「형법」 제129조부터 제132조까지를 적용할 때에는 공무원으로 본다.

[본조신설 2024. 1. 23.]

제5장 벌칙

제27조(벌칙) ① 다음 각 호의 어느 하나에 해당하는 자는 7년 이하의 징역 또는 7천만원 이하의 벌금에 처한다. 〈개정 2017. 3. 21., 2020. 2. 18.〉

1. 제13조제1항을 위반하여 어구나 양식시설물 등을 어장에 버리거나 내버려둔 자

2. 제13조제2항의 본문을 위반하여 어구나 양식시설물 등을 시장·군수·구청장이 설치·운영하는 장소 외의 장소에서 처리하거나 처리하게 한 자

② 과실로 제13조제1항을 위반하여 어구나 양식시설물 등을 어장에 버리거나 내버려둔 자는 2년 이하의 징역 또는 2천만원 이하의 벌금에 처한다. 〈개정 2017. 3. 21., 2020. 2. 18.〉

제28조(벌칙) 제21조에 따라 준용되는 「수산자원관리법」 제16조와 제17조를 위반하여 수산동식물을 소지·운반한 자, 처리·가공한 자 또는 판매한 자나 방류명령에 따르지 아니한 자는 2년 이하의 징역 또는 2천만원 이하의 벌금에 처한다. 〈개정 2009. 4. 22., 2017. 3. 21.〉

제29조(벌칙) 다음 각 호의 어느 하나에 해당하는 자는 1년 이하의 징역 또는 1천만원 이하의 벌금에 처한다.

1. 제11조제2항이나 제3항에 따른 제한명령 또는 금지명령을 위반한 자

2. 제16조제2항을 위반하여 등록된 선박을 사용하지 아니하고 어장정화·정비를 대행한 자

3. 제17조제1항을 위반하여 등록을 하지 아니하고 어장정화·정비업을 경영한 자

제30조 삭제 〈2013. 8. 13.〉

제31조(몰수) ① 제28조의 경우에 범인이 소유하거나 소지하는 수

산동식물은 몰수한다.

② 제1항에 따라 범인이 소유하거나 소지하는 수산동식물의 전부나 일부를 몰수할 수 없을 때에는 그 가액을 추징한다.

제32조(양벌규정) 법인의 대표자나 법인 또는 개인의 대리인, 사용인, 그 밖의 종업원이 그 법인 또는 개인의 업무에 관하여 제27조부터 제29조까지의 어느 하나에 해당하는 위반행위를 하면 그 행위자를 벌하는 외에 그 법인 또는 개인에게도 해당 조문의 벌금형을 과(科)한다. 다만, 법인 또는 개인이 그 위반행위를 방지하기 위하여 해당 업무에 관하여 상당한 주의와 감독을 게을리하지 아니한 경우에는 그러하지 아니하다. 〈개정 2013. 8. 13.〉

[전문개정 2010. 3. 17.]

제33조(과태료) ① 삭제 〈2022. 12. 27.〉

② 다음 각 호의 어느 하나에 해당하는 자에게는 200만원 이하의 과태료를 부과한다. 〈개정 2013. 8. 13.〉

1. 제13조제3항에 따른 규격에 맞지 아니하는 물품을 사용한 자
2. 제17조제2항에 따른 신고를 하지 아니한 자
3. 제19조제3항에 따른 영업승계의 신고를 하지 아니한 자
4. 제23조제5항을 위반하여 어장환경의 조사 또는 어장환경평가를 하는 공무원의 어장 출입, 시료의 채취 또는 시설물의 사용·제거를 거부·방해하거나 기피한 자

③ 제2항에 따른 과태료는 대통령령으로 정하는 바에 따라 해양수산부장관, 시·도지사 또는 시장·군수·구청장이 부과·징수한다. 〈개정 2008. 2. 29., 2013. 3. 23., 2013. 8. 13., 2022. 12. 27.〉

④ 삭제 〈2011. 11. 14.〉

⑤ 삭제 〈2011. 11. 14.〉

부칙 〈제8378호, 2007. 4. 11.〉

제1조 (시행일) 이 법은 공포 한 날부터 시행한다. 다만, 제2조제3호, 제3조제4항, 제4조, 제5조, 제6조제2항, 제7조제4항, 제8조, 제11조, 제12조, 제13조제1항·제2항, 제14조부터 제20조까지, 제22조, 제25조, 제27조, 제29조, 제30조, 제32조 및 제33조제1항의 개정규정은 2007년 6월 29일부터 시행하고, 제13조제3항의 개정규정은 2008년 12월 29일부터 시행한다.

제2조 (시행일에 관한 경과조치) 부칙 제1조 단서에 따라 제2조제3호, 제3조제4항, 제4조, 제5조, 제6조제2항, 제7조제4항, 제8조, 제11조, 제12조, 제14조, 제15조, 제22조, 제25조, 제29조, 제30조, 제32조 및 제33조제1항의 개정규정이 시행되기 전까지는 그에 해당하는 종전의 제2조제3호, 제3조제4항, 제4조, 제5조, 제6조제2항, 제7조제4항, 제8조, 제11조, 제12조, 제13조, 제14조제1항, 제21조, 제24조, 제27조, 제28조, 제30조 및 제31조제1항을 적용한다.

제3조 (규제규정과 관련된 벌칙적용에 관한 경과조치) 법률 제6257호 어장관리법 부칙 제2조에 따라 같은 법 제16조부터 제19조까지 및 제27조제2호가 효력을 상실한 경우 해당 규정이 효력을 상실하기 전의 행위에 대한 벌칙의 적용은 실효되기 전의 규정에 따른다.

제4조 (어장정화·정비에 관한 경과조치) 제12조제2항의 개정규정을 적용할 때 법률 제6257호 어장관리법의 시행일인 2001년 1월 29

일 당시의 「수산업법」 제72조의2에 따라 연안수역정화를 실시한 것은 이 법에 따른 어장정화·정비를 실시한 것으로 본다.

제5조 (권한 변경에 따른 경과조치) ①법률 제8130호 어장관리법 일부개정법률 시행 당시 종전의 제5조에 따라 시·도지사가 지정한 어장관리해역은 제5조의 개정규정에 따라 관할 시장·군수·구청장이 지정한 것으로 본다.

②법률 제8130호 어장관리법 일부개정법률 시행 당시 종전의 제8조에 따라 시·도지사가 실시한 면허등동시갱신은 제8조의 개정규정에 따라 관할 시장·군수·구청장이 실시한 면허·허가동시갱신으로 본다.

③법률 제8130호 어장관리법 일부개정법률 시행 당시 종전의 제11조제2항부터 제4항까지의 규정에 따라 시·도지사가 제한·금지하거나 고시한 것은 제11조의 개정규정에 따라 관할 시장·군수·구청장이 제한·금지하거나 고시한 것으로 본다.

④법률 제8130호 어장관리법 일부개정법률 시행 당시 종전의 제15조에 따라 시·도지사가 어장정화·정비를 대행하도록 한 어장정화·정비업의 등록을 한 자는 제16조의 개정규정에 따라 시장·군수·구청장이 대행하도록 한 것으로 본다.

제6조 (처분 등에 관한 일반적 경과조치) 이 법 시행 당시 종전의 규정에 따른 행정기관의 행위나 행정기관에 대한 행위는 그에 해당하는 이 법에 따른 행정기관의 행위나 행정기관에 대한 행위로 본다.

제7조 (벌칙이나 과태료에 관한 경과조치) 이 법 시행 전의 행위에

대하여 벌칙이나 과태료 규정을 적용할 때에는 종전의 규정에 따른다.

제8조 (다른 법률의 개정) 제주특별자치도 설치 및 국제자유도시 조성을 위한 특별법 일부를 다음과 같이 개정한다.

제212조제1항 전단 중 “제13조제1항”을 “제14조제1항”으로 하고, 같은 조 제2항 중 “제13조제5항”을 “제14조제5항”으로 한다.

제9조 (다른 법령과의 관계) 이 법 시행 당시 다른 법령에서 종전의 「어장관리법」 또는 그 규정을 인용한 경우에 이 법 가운데 그에 해당하는 규정이 있으면 종전의 규정을 갈음하여 이 법 또는 이 법의 해당 조항을 인용한 것으로 본다.

부칙 〈제8852호, 2008. 2. 29.〉 (정부조직법)

제1조 (시행일) 이 법은 공포한 날부터 시행한다. 다만, ···〈생략〉···, 부칙 제6조에 따라 개정되는 법률 중 이 법의 시행 전에 공포되었으나 시행일이 도래하지 아니한 법률을 개정한 부분은 각각 해당 법률의 시행일부터 시행한다.

제2조 부터 제5조까지 생략

제6조 (다른 법률의 개정) ① 부터 〈670〉 까지 생략

〈671〉 어장관리법 일부를 다음과 같이 개정한다.

제3조제1항 및 제2항제4호, 같은 조 제3항부터 제5항까지, 제6조제1항 및 제2항, 제7조제1항, 같은 조 제2항 전단 및 제3항, 제11조제1항, 제14조제1항, 제24조제1항 및 제2항, 제26조제1항 및 제33조제2항부터 제4항까지 중 “해양수산부장관”을 각각 “농림수산식

품부장관”으로 한다.

제5조제5항, 제13조제3항, 제14조제5항, 제17조제1항 전단 및 제2항, 제19조제3항, 제20조제2항 및 제23조제4항 중 “해양수산부령”을 각각 “농림수산식품부령”으로 한다.

〈672〉 부터 〈760〉 까지 생략

제7조 생략

부칙 〈제9626호, 2009. 4. 22.〉 (수산업법)

제1조(시행일) 이 법은 공포 후 1년이 경과한 날부터 시행한다.

제2조 부터 제10조까지 생략

제11조(다른 법률의 개정) ① 부터 ⑧ 까지 생략

⑨ 어장관리법 일부를 다음과 같이 개정한다.

제2조제1호 중 “같은 법 제43조제2항제3호 또는 같은 조 제3항”을 “같은 법 제41조제3항제1호 및 제3호”로 한다.

제3조제3항 전단 및 제4조제3항 전단 중 “「수산업법」 제86조”를 각각 “「수산업법」 제88조”로 한다.

제8조제1항 단서 중 “「수산업법」 제15조제7항”을 “「수산업법」 제13조제7항”으로 하고, 같은 조 제3항 중 “「수산업법」 제37조(같은 법 제48조”를 “「수산업법」 제35조(같은 법 제49조”로 하며, 같은 조 제4항 중 “「수산업법」 제37조”를 “「수산업법」 제35조”로 한다.

제20조제4호 중 “「수산업법」 제43조 · 제46조 및 제58조”를 “「수산업법」 제41조 · 제42조 · 제47조 및 제66조”로 한다.

⑩ 부터 ⑮ 까지 생략

제12조 생략

부칙 〈제9627호, 2009. 4. 22.〉 (수산자원관리법)

제1조(시행일) 이 법은 공포 후 1년이 경과한 날부터 시행한다.

제2조 부터 제8조까지 생략

제9조(다른 법률의 개정) ① 부터 ⑤ 까지 생략

⑥ 어장관리법 일부를 다음과 같이 개정한다.

제18조제3호 및 제4호 중 "「수산업법」"을 각각 "「수산업법」 및 「수산자원관리법」"로 한다.

제21조 중 "「수산업법」 제73조와 제74조"를 "「수산자원관리법」 제16조와 제17조"로 한다.

제28조 중 "「수산업법」 제73조 및 제74조"를 "「수산자원관리법」 제16조와 제17조"로 한다.

⑦ 생략

제10조 생략

부칙 〈제10121호, 2010. 3. 17.〉

이 법은 공포한 날부터 시행한다.

부칙 〈제10219호, 2010. 3. 31.〉 (지방세기본법)

제1조(시행일) 이 법은 2011년 1월 1일부터 시행한다.

제2조 부터 제10조까지 생략

제11조(다른 법률의 개정) ① 부터 ㉚ 까지 생략

㉛ 어장관리법 일부를 다음과 같이 개정한다.

제19조제2항제3호 중 “「지방세법」”을 “「지방세기본법」”으로 한다.

㉜ 부터 〈61〉 까지 생략

제12조 생략

부칙 〈제11073호, 2011. 11. 14.〉

이 법은 공포한 날부터 시행한다.

부칙 〈제11690호, 2013. 3. 23.〉 (정부조직법)

제1조(시행일) ① 이 법은 공포한 날부터 시행한다.

② 생략

제2조 부터 제5조까지 생략

제6조(다른 법률의 개정) ①부터 〈317〉까지 생략

〈318〉 어장관리법 일부를 다음과 같이 개정한다.

제3조제1항, 같은 조 제2항제4호, 같은 조 제3항 전단, 같은 조 제4항 · 제5항, 제6조제1항 · 제2항, 제7조제1항, 같은 조 제2항 전단, 같은 조 제3항, 제11조제1항, 제14조제1항, 제24조제1항 · 제2항, 제26조제1항 및 제33조제2항 중 “농림수산식품부장관”을 각각 “해양수산부장관”으로 한다.

제5조제5항, 제13조제3항, 제14조제5항, 제17조제1항 전단, 같은 조 제2항, 제19조제3항, 제20조제2항 및 제23조제4항 중 “농림수산식품부령”을 각각 “해양수산부령”으로 한다.

〈319〉부터 〈710〉까지 생략

제7조 생략

부칙 <제12088호, 2013. 8. 13.>

제1조(시행일) 이 법은 공포 후 1년이 경과한 날부터 시행한다. 다만, 제18조의 개정규정은 공포한 날부터 시행한다.

제2조(어장환경평가에 관한 특례) 시장·군수·구청장은 이 법 시행 당시 제11조의2의 개정규정에 따라 어장환경평가를 하여야 하는 어장 중 어업면허 또는 어업허가의 유효기간이 1년 이상 1년 6개월 미만 남은 어장에 대해서는 이 법 시행 후 6개월 이내에 어장환경평가를 완료하여야 한다.

제3조(어장관리해역 지정권자 변경에 따른 경과조치) 이 법 시행 당시 종전의 규정에 따라 시장·군수·구청장이 지정한 어장관리해역은 제5조제1항의 개정규정에 따라 해양수산부장관이 지정한 것으로 본다.

제4조(어장정화·정비업 등록의 제한에 관한 경과조치) 제18조의 개정규정 시행 후 종전의 제18조제3호 또는 제5호에 따라 등록제한 기간이 1년 경과한 자는 제18조제3호 또는 제5호의 개정규정에 따라 등록제한 기간이 만료된 것으로 본다.

부칙 <제12484호, 2014. 3. 18.>

제1조(시행일) 이 법은 공포한 날부터 시행한다.

제2조(금치산자 등에 대한 경과조치) 제18조제1호의 개정규정(제19조제4항에 따라 준용되는 경우를 포함한다)에 따른 피성년후견인에는

법률 제10429호 민법 일부개정법률 부칙 제2조에 따라 금치산 또는 한정치산 선고의 효력이 유지되는 사람을 포함하는 것으로 본다.

부칙 〈제14476호, 2016. 12. 27.〉 (지방세징수법)

제1조(시행일) 이 법은 공포 후 3개월이 경과한 날부터 시행한다. 〈단서 생략〉

제2조 및 제3조 생략

제4조(다른 법률의 개정) ①부터 ㉝까지 생략

㉞어장관리법 일부를 다음과 같이 개정한다.

제19조제2항제3호 중 "「지방세기본법」"을 "「지방세징수법」"으로 한다.

㉟부터 〈65〉까지 생략

제5조 생략

부칙 〈제14739호, 2017. 3. 21.〉

이 법은 공포 후 6개월이 경과한 날부터 시행한다.

부칙 〈제16158호, 2018. 12. 31.〉

이 법은 공포 후 6개월이 경과한 날부터 시행한다.

부칙 〈제16568호, 2019. 8. 27.〉 (양식산업발전법)

제1조(시행일) 이 법은 공포 후 1년이 경과한 날부터 시행한다.

제2조 부터 제14조까지 생략

제15조(다른 법률의 개정) ①부터 ㊳까지 생략

㊴ 어장관리법 일부를 다음과 같이 개정한다.

제1조 중 "어업생산의"를 "어업과 양식업생산의"로, "어업인"을 "어업인, 양식업자 및 양식업종사자"로 한다.

제2조제1호 및 제2호를 각각 다음과 같이 하고, 같은 조에 제2호의2를 다음과 같이 신설한다.

1. "어장"이란 「수산업법」 제8조에 따른 면허(이하 "어업면허"라 한다)나 같은 법 제41조제3항제1호 및 제3호에 따른 허가(이하 "어업허가"라 한다)를 받아 어업을 하는 일정한 수면(水面)과「양식산업발전법」 제10조제1호부터 제6호에 따른 면허(이하 "양식업면허"라 한다)를 받아 양식하는 수면을 말한다.

2. "어업"이란 어업면허 또는 어업허가를 받아 수산동식물을 포획·채취하는 사업을 말한다.

2의2. "양식업"이란 「양식산업발전법」 제2조제2호에 따라 수산동식물을 양식하는 사업을 말한다.

제2조제3호 중 "어업면허 또는 어업허가"를 "어업면허, 어업허가 또는 양식업면허"로 한다.

제2조제4호 중 "어업"을 "어업 또는 양식업"으로 한다.

제2조제5호 각 목 외의 부분 중 "어업"을 "어업과 양식업"으로 한다.

제8조제1항 단서 중 "「수산업법」 제13조제7항에 따라 어업면허의 우선순위에서 제외되는 자"를 "「수산업법」 제13조제7항 및 「양식산업발전법」 제15조제1항부터 제3항까지에 따라 어업면허 또는 양식

업면허의 우선순위에서 제외되는 자"로 한다.

제8조제2항 중 "어업면허 또는 어업허가"를 "어업면허, 어업허가 또는 양식업면허"로 한다.

제8조제3항 중 "「수산업법」 제35조(같은 법 제49조에 따라 준용되는 경우를 포함한다)에 따라 어업면허 또는 어업허가가 취소된 경우"를 "「수산업법」 제35조(같은 법 제49조에 따라 준용되는 경우를 포함한다)에 따라 어업면허 또는 어업허가가 취소된 경우 또는 「양식산업발전법」 제27조에 따라 양식업면허가 취소된 경우"로, "어업면허 유효기간"을 "어업면허 또는 양식업면허 유효기간"으로, "새로운 어업면허 또는 어업허가"를 "새로운 어업면허, 어업허가 또는 양식업면허"로 한다.

제8조제4항 중 "「수산업법」 제35조에 따라 어업면허가 취소되거나 어업면허 유효기간이 지난 경우"를 "「수산업법」 제35조에 따라 어업면허가 취소되거나 어업면허 유효기간이 지난 경우 또는 「양식산업발전법」 제27조에 따라 양식업면허가 취소되거나 양식업면허 유효기간이 지난 경우"로, "어장의 어업면허 유효기간"을 "어장의 어업면허 또는 양식업면허 유효기간"으로, "새로운 어업면허"를 "새로운 어업면허 또는 양식업면허"로 한다.

제8조제5항 중 "어업면허 또는 어업허가"를 각각 "어업면허, 어업허가 또는 양식업면허"로, "어업면허 유효기간을"을 "어업면허 또는 양식업면허 유효기간을"로, "어업면허 · 어업허가 또는 어업면허 유효기간"을 "어업면허 · 어업허가 · 양식업면허 또는 어업면허 · 양식업면허 유효기간"으로 한다.

제9조제1항·제2항, 같은 조 제5항 본문 중 “어업면허”를 각각 “어업면허 또는 양식업면허”로 한다.

제10조제1항 및 제2항 중 “어업면허 또는 어업허가”를 각각 “어업면허, 어업허가 또는 양식업면허”로 한다.

제11조의2제1항 중 “어업면허 또는 어업허가”를 “어업면허, 어업허가 또는 양식업면허”로 한다.

제12조제1항 본문 및 같은 조 제3항 중 “어업면허나 어업허가를 받은 자”를 각각 “어업면허, 어업허가 또는 양식업면허를 받은 자”로 한다.

제13조제1항 중 “어업면허나 어업허가를 받은 자와 그 종사자(이하 이 조에서 "어업인"이라 한다)”를 “어업면허, 어업허가 또는 양식업면허를 받은 자와 그 종사자(이하 이 조에서 "어업인 또는 양식업자"이라 한다)”로 하고, 같은 조 제2항 본문 및 같은 조 제3항 중 “어업인이”를 각각 “어업인 또는 양식업자가”로 한다.

제18조제3호 및 제4호 중 “「수산업법」”을 각각 “「수산업법」,「양식산업발전법」”으로 한다.

제20조제1항제4호 중 “「수산업법」 제41조·제42조·제47조 및 제66조”를 “「수산업법」 제41조·제42조·제47조·제66조, 「양식산업발전법」 제43조, 제52조에 따라 준용되는 제19조 및 제55조제1항”으로 한다.

제23조제2항 중 “어업”을 “어업 또는 양식업”으로 한다.

㊵부터 〈61〉까지 생략

제16조 생략

부칙 〈제17044호, 2020. 2. 18.〉

이 법은 공포한 날부터 시행한다.

부칙 〈제18755호, 2022. 1. 11.〉 (수산업법)

제1조(시행일) 이 법은 공포 후 1년이 경과한 날부터 시행한다. 〈단서 생략〉

제2조 부터 제38조까지 생략

제39조(다른 법령의 개정) ①부터 ⑰까지 생략

⑱ 어장관리법 일부를 다음과 같이 개정한다.

제2조제1호 중 "「수산업법」 제8조"를 "「수산업법」 제7조"로 하고, "같은 법 제41조제3항제1호 및 제3호"를 "같은 법 제40조제3항"으로 한다.

제3조제3항 전단 및 제4조제3항 전단 중 "「수산업법」 제88조"를 각각 "「수산업법」 제95조"로 한다.

제8조제1항 단서 중 "「수산업법」 제13조제7항"을 "「수산업법」 제13조제5항"으로 하고, 같은 조 제3항 중 "「수산업법」 제35조(같은 법 제49조"를 "「수산업법」 제34조(같은 법 제50조"로 하며, 같은 조 제4항 중 "「수산업법」 제35조"를 "「수산업법」 제34조"로 한다.

제20조제1항제4호 중 "「수산업법」 제41조 · 제42조 · 제47조 · 제66조"를 "「수산업법」 제40조 · 제43조 · 제48조 · 제63조"로 한다.

⑲부터 ㉟까지 생략

제40조 생략

부칙 <제19138호, 2022. 12. 27.>

제1조(시행일) 이 법은 공포 후 1년이 경과한 날부터 시행한다.

제2조(어장환경평가권자 변경에 따른 경과조치) ① 이 법 시행 선에 종전의 제11조의2제1항에 따라 어장환경평가의 실시계획이 수립된 경우로서 이 법 시행 당시 어장환경평가를 하는 공무원이 출입하여 시료 채취가 끝난 어장에 대해서는 제11조의2제1항의 개정규정에도 불구하고 종전의 규정에 따라 시장 · 군수 · 구청장이 어장환경평가를 하여야 한다.

② 이 법 시행 전에 종전의 제11조의2제1항에 따라 시장 · 군수 · 구청장이 한 어장환경평가와 제1항에 따라 시장 · 군수 · 구청장이 한 어장환경평가는 제11조의2제1항의 개정규정에 따라 해양수산부장관이 한 것으로 본다.

제3조(어장환경평가로 인한 손실보상에 관한 경과조치) 이 법 시행 전에 종전의 제11조의2에 따라 어장환경평가를 하는 공무원이 한 제23조제1항에 따른 행위로 인하여 발생한 손실과 부칙 제2조제1항에 따라 어장환경평가를 하는 공무원이 한 제23조제1항에 따른 행위로 인하여 발생한 손실에 대한 보상에 관하여는 제24조제1항 및 제2항의 개정규정에도 불구하고 종전의 규정에 따라 시장 · 군수 · 구청장이 그 손실을 보상하여야 한다.

제4조(과태료에 관한 경과조치) 이 법 시행 전에 제12조제1항에 따른 어장청소를 하지 아니한 행위에 대해서는 제33조의 개정규정에도 불구하고 종전의 제33조에 따라 과태료를 부과한다.

부칙 〈제20133호, 2024. 1. 23.〉

이 법은 공포 후 1년이 경과한 날부터 시행한다.

부칙 〈제20945호, 2025. 4. 22.〉

제1조(시행일) 이 법은 공포 후 6개월이 경과한 날부터 시행한다.

제2조(제재처분 유예에 관한 적용례) 제20조제1항제3호 단서의 개정규정은 이 법 시행 전에 등록 기준에 미달하게 된 경우에 대하여 이 법 시행 이후 행정처분을 하는 경우에도 적용한다.

어장관리법 시행령

[시행 2025. 10. 23.] [대통령령 제35826호, 2025. 10. 21., 일부개정]

**개정 예정 법률 밑줄 별도 표시.

어장관리법 시행령

[시행 2025. 10. 23.] [대통령령 제35826호, 2025. 10. 21., 일부개정]

제1조(목적) 이 영은 「어장관리법」에서 위임된 사항과 그 시행에 필요한 사항을 규정함을 목적으로 한다.

제2조(어장관리 기본계획의 수립) 「어장관리법」(이하 “법”이라 한다) 제3조제5항에 따라 해양수산부장관으로부터 어장관리 기본계획의 수립을 위하여 필요한 자료의 제출을 요구받은 관계 행정기관의 장은 그 자료를 요구받은 날부터 1개월 이내에 해양수산부장관에게 제출하여야 한다. 〈개정 2008. 2. 29., 2013. 3. 23.〉

제3조(어장관리 시행계획의 수립) ①시장(특별자치도의 경우에는 특별자치도지사를 말한다. 이하 같다)·군수·구청장(자치구의 구청장을 말한다. 이하 같다)은 법 제4조에 따라 관할 어장에 대하여 어장관리 시행계획을 수립하기 위하여 필요하면 국립수산과학원장(소속 수산연구소장을 포함한다. 이하 같다)에게 어장관리에 관한 의견의 제출을 요청할 수 있다. 〈개정 2008. 2. 29., 2014. 8. 12.〉

②제1항에 따라 의견의 제출을 요청받은 해당 기관의 장은 특별한 사유가 없으면 그 요청에 따라야 한다.

제4조(어장관리해역 지정 대상) 법 제5조제1항제2호에 따른 어장환경의 보전에 장애가 있거나 장애가 발생할 우려가 있는 경우는 어

장이 다음 각 호의 어느 하나에 해당하는 경우로 한다.

1. 빈산소 수괴(貧酸素 水塊: 산소가 적거나 없는 물 덩어리를 말한다) 또는 유해성 적조의 발생으로 양식(養殖)생물 피해가 상습적으로 발생하는 어장

2. 해당 어장에 장기간 양식을 실시하여 양식생물의 병해 발생이 잦고 생산성이 저하된 어장

3. 그 밖에 제1호 및 제2호와 유사한 어장으로서 해양수산부장관이 어장관리해역으로 지정할 필요가 있다고 인정하는 어장

[전문개정 2014. 8. 12.]

제5조(어장환경의 조사 내용 및 방법 등) ①법 제6조제1항에 따른 어장환경조사에는 다음 각 호의 사항이 포함되어야 한다. 〈개정 2014. 8. 12., 2020. 8. 26.〉

1. 어장의 분포·면적 등 현황

2. 어업권·양식업권 현황

3. 어장의 수질과 퇴적물의 상태

4. 오염물질의 발생·유입 현황

5. 양식생물의 유해물질 오염 상태

6. 그 밖에 어장을 효율적으로 보전하고 이용하기 위하여 필요한 사항

②해양수산부장관은 어장환경조사를 위하여 필요한 경우에는 해당 어장을 관할하는 시장·군수·구청장에게 필요한 자료의 제출을 요청할 수 있다. 이 경우 그 시장·군수·구청장은 특별한 사유가 없으면 그 요청을 받은 날부터 20일 이내에 자료를 제출하여야 한다.

〈개정 2008. 2. 29., 2013. 3. 23., 2014. 8. 12.〉

③해양수산부장관은 법 제6조제2항에 따라 시장 · 군수 · 구청장의 요청으로 어장환경조사를 실시하는 경우에는 특별한 사유가 없으면 해당 조사가 끝난 날부터 60일 이내에 그 요청기관에게 조사결과를 통보하여야 한다. 〈개정 2008. 2. 29., 2013. 3. 23.〉

④해양수산부장관은 법 제6조제2항에 따라 시장 · 군수 · 구청장의 요청으로 어장환경조사를 실시하는 경우에는 해당 조사에 필요한 비용의 전부 또는 일부를 그 요청기관이 부담하게 할 수 있다. 〈개정 2008. 2. 29., 2013. 3. 23.〉

⑤ 법 제6조제1항 및 제2항에 따른 어장환경조사는 직접 현지조사 방법으로 실시하되, 항공기나 인공위성을 이용한 원격탐사 방법이나 관계자에 대한 면접, 문헌조사 방법 등 간접 조사 방법을 병행할 수 있다. 〈신설 2014. 8. 12.〉

⑥해양수산부장관은 어장환경조사를 실시하는 경우에는 조사의 정확성과 통일을 위하여 「해양환경관리법」 제10조에 따른 해양환경공정시험기준에 따라야 한다. 〈개정 2008. 1. 11., 2008. 2. 29., 2013. 3. 23., 2014. 8. 12.〉

[제목개정 2014. 8. 12.]

제5조의2(어장환경정보망의 구축 · 운영 등) ① 해양수산부장관은 어장환경과 관련된 정보를 표준화하고 통합관리 할 수 있도록 법 제6조의2제1항에 따른 어장환경정보망(이하 “어장환경정보망”이라 한다)을 구축하여야 한다.

② 어장환경정보망의 구축 대상이 되는 정보는 다음 각 호와 같다.

1. 법 제5조에 따른 어장관리해역의 지정·변경 또는 해제

2. 법 제6조에 따른 어장환경조사 결과

3. 법 제11조의2에 따른 어장환경평가 결과

4. 해양수산부 및 해양수산부 소속기관이 실시한 어장환경관련 조사·연구 결과

5. 그 밖에 국가 또는 지방자치단체가 어장환경과 관련하여 실시한 조사·연구 결과

③ 해양수산부장관은 어장환경정보망의 이용자가 요청하는 경우 제2항 각 호의 정보 외에 해당 정보를 생산하는 데 기초가 된 자료를 함께 제공할 수 있다. 다만, 해당 자료가 「공공기관의 정보공개에 관한 법률」 제9조에 따른 비공개 대상 정보이거나 「개인정보 보호법」 제24조에 따른 고유식별정보인 경우에는 제공할 수 없다.

[본조신설 2014. 8. 12.]

제6조 삭제 〈2014. 8. 12.〉

제7조(면허·허가동시갱신의 절차 등) ①시장·군수·구청장은 법 제8조제1항에 따라 면허·허가동시갱신을 하려는 경우에는 어업·양식업 면허 또는 어업허가의 잔여기간, 양식기간, 양식물의 상태 및 포획·채취시기 등을 고려하여 그 시기를 결정하여야 한다. 〈개정 2020. 8. 26.〉

②면허·허가동시갱신에 따라 새로운 어업·양식업 면허 또는 어업허가를 하는 경우에는 그 어업·양식업 면허기간이나 어업허가기간의 종료시점이 일치되게 하여야 한다. 〈개정 2020. 8. 26.〉

③시장·군수·구청장은 면허·허가동시갱신을 하는 해역 및 어장

이 확정되면 그 내용을 고시하고 해당 해역 및 어장에서 어업·양식업 면허나 어업허가를 받은 자 등 이해관계인에게 그 사실을 통지하여야 한다. 〈개정 2020. 8. 26.〉

④제3항에 따른 고시와 통지에는 다음 각 호의 사항이 포함되어야 한다. 〈개정 2020. 8. 26.〉

1. 면허·허가동시갱신의 사유

2. 면허·허가동시갱신을 한 어장관리해역의 범위 및 면적

3. 면허·허가동시갱신의 대상이 되는 어업·양식업 면허·어업허가의 내용

4. 면허·허가동시갱신의 개시시기

5. 면허·허가동시갱신을 한 해역의 어장에서 처리하여야 할 사항

제8조(어장휴식계획의 수립 등) ①시장·군수·구청장은 법 제9조에 따라 어장휴식계획을 수립하는 경우에는 어장휴식이 실시되는 해역의 양식기간, 양식물의 상태 및 포획·채취시기 등을 고려하여야 한다.

②시장·군수·구청장은 어장휴식의 효과를 높이기 위하여 어장관리해역의 어장에서 가능하면 어장들이 동시에 휴식이 실시될 수 있는 방안을 마련하여야 한다. 〈개정 2014. 8. 12.〉

③시장·군수·구청장이 법 제9조제3항에 따라 어장휴식계획의 수립 또는 변경을 고시하는 경우에는 다음 각 호의 사항을 포함하여야 하며, 해당 고시 내용을 관할 지역의 읍·면·동사무소 및 지구별·업종별 수산업협동조합에 보내 관계인이 열람할 수 있도록 하여야 한다. 〈개정 2020. 8. 26.〉

1. 어장휴식의 사유

2. 어장휴식이 실시되는 해역의 범위 및 면적

3. 어장휴식이 실시되는 어장별 현황(어업 · 양식업의 종류, 어장 면적, 어업 · 양식업면허 번호, 어업 · 양식업면허를 받은 자의 주소 · 성명 등) 및 어장별 휴식기간

4. 어장휴식기간 중에 어업 · 양식업면허를 받은 자가 처리하여야 할 사항

④법 제9조제5항 단서에서 "대통령령으로 정하는 어장"이란 어장 정화 · 정비를 실시하였거나 해양 여건의 변화로 환경이 개선되어 어장휴식이 필요하지 아니하다고 인정되어 해양수산부장관이 정하여 고시하는 어장을 말한다. 〈개정 2008. 2. 29., 2013. 3. 23.〉

제9조(어장면적의 조정 등의 통보) 시장 · 군수 · 구청장은 법 제10조제1항 및 제2항에 따라 어장의 면적 및 위치를 조정하거나 새로운 어업면허, 어업허가 또는 양식업면허를 금지하려면 다음 각 호의 사항이 포함된 내용을 어업면허, 어업허가 또는 양식업면허를 받은 자 등 관계자(이하 이 조에서 "관계자"라 한다)에게 통지하여야 한다. 〈개정 2020. 8. 26.〉

1. 어장면적이나 어장위치 조정, 어업면허, 어업허가 또는 양식업면허의 금지 등 처분(이하 이 조에서 "처분"이라 한다)의 명칭

2. 관계자의 성명 · 명칭 및 주소

3. 처분의 내용 및 이유

4. 법 제11조의2에 따른 어장환경평가 결과

5. 처분에 이의가 있는 경우 이의 제출 방법 · 기간 등 이의 신청 절차

6. 그 밖에 처분과 관련하여 필요한 사항

[전문개정 2014. 8. 12.]

제10조(어장환경기준의 설정 등) ①해양수산부장관이 법 제11조에 따라 설정·고시하는 어장환경기준에는 다음 각 호의 내용이 포함되어야 한다. 〈개정 2008. 2. 29., 2013. 3. 23.〉

1. 수산동식물이 서식할 수 있는 수질과 퇴적물 등의 세부항목별 어장환경기준

2. 수산동식물의 포획·채취 또는 양식을 제한·금지하는 시기와 기간에 관한 기준

3. 그 밖에 국민의 건강을 보호하기 위하여 특히 필요하다고 인정되는 사항

②시장·군수·구청장이 법 제11조제2항 또는 제3항에 따라 수산동식물의 포획·채취 또는 양식을 제한하거나 금지하려는 경우에는 국립수산과학원장에게 해당 어장에 대한 수산동식물의 포획·채취 또는 양식의 제한이나 금지에 대한 의견의 제출을 요청하여야 한다. 〈개정 2014. 8. 12.〉

③제2항에 따라 의견의 제출을 요청받은 국립수산과학원장은 특별한 사유가 없으면 그 요청에 따라야 한다.

제11조 삭제 〈2014. 8. 12.〉

제12조(어장청소 등) ①「수산업법」 제7조제1항제2호에 따른 어업면허를 받은 자 및 「양식산업발전법」 제10조제1항제1호부터 제5호까지에 따른 양식업면허를 받은 자는 법 제12조제1항에따라 그 어업면허 또는 양식업면허를 받은 날부터 3개월 이내에 해당 어장의 퇴

적물이나 어장에 버려진 폐기물을 수거·처리(이하 “어장청소”라 한다)해야 하고, 어장청소를 끝낸 날부터 별표 1의 주기와 방법에 따라 어장청소를 해야 한다. 〈개정 2007. 10. 31., 2009. 6. 16., 2010. 4. 20., 2014. 8. 12., 2020. 8. 26., 2022. 7. 5., 2023. 1. 10.〉

② 제1항에도 불구하고 제1항에 따른 어업면허 또는 양식업면허를 받은 자가 다음 각 호의 어느 하나에 해당하는 경우에는 다음 각 호의 구분에 따른 날부터 별표 1의 주기와 방법에 따라 어장청소를 해야 한다. 〈신설 2023. 12. 12.〉

1. 제1항에 따른 어업면허 또는 양식업면허를 받은 자가 「수산업법」 제14조제2항 또는 「양식산업발전법」 제17조제2항에 따라 면허 유효기간의 연장허가를 받은 경우: 해당 면허 유효기간의 연장허가를 받기 전 마지막으로 어장청소를 끝낸 날

2. 「수산업법」 제7조제1항제2호에 따른 마을어업 면허를 받은 자가 같은 법 제14조제2항에 따른 면허 유효기간의 연장허가기간이 끝난 후 연속해서 동일한 어장에서 마을어업 면허를 받은 경우: 종전 면허의 유효기간 중 마지막으로 어장청소를 끝낸 날

3. 「양식산업발전법」 제10조제1항제1호부터 제5호까지의 규정에 따른 종류의 양식업면허를 받은 자가 같은 법 제17조제2항에 따른 면허 유효기간의 연장허가기간이 끝난 후 연속해서 동일한 어장에서 종전 면허와 같은 양식방법(같은 법 제10조제3항제3호의 양식방법을 말한다)에 따라 같은 종류의 양식업면허를 받은 경우: 종전 면허 유효기간 중 마지막으로 어장청소를 끝낸 날

③제1항에 따른 어업면허 또는 양식업면허를 받은 자가 법 제12조제1항에 따라 어장청소를 실시하려는 경우에는 해양수산부령으로 정하는 방법에 따라 어장청소의 계획을 작성하여 해당 수면을 관할하는 시장·군수·구청장에게 제출해야 한다. 〈개정 2008. 2. 29., 2013. 3. 23., 2020. 8. 26., 2022. 7. 5., 2023. 12. 12.〉

④제3항에 따라 어장청소계획을 제출받은 해당 시장·군수·구청장은 소속 공무원으로 하여금 어장청소의 실시여부 등을 확인하게 하여야 한다. 다만, 시장·군수·구청장은 해당 어업인이 어장청소사진과 폐기물처리증명서 등으로 증명하는 경우에는 어장청소의 실시여부 등을 확인하지 않을 수 있다. 〈개정 2023. 12. 12.〉

⑤ 시장·군수·구청장은 법 제12조제4항에 따라 어장청소를 명하는 경우에는 어장청소 준비기간 등을 고려하여 60일 이내의 범위에서 이행기간을 정해야 한다. 〈신설 2023. 12. 12.〉

⑥ 시장·군수·구청장은 천재지변이나 그 밖의 부득이한 사유로 제5항에 따른 이행기간에 어장청소 명령을 이행할 수 없다고 인정되는 경우에는 제5항에 따른 이행명령을 받은 자의 신청에 따라 30일의 범위에서 그 이행기간을 연장할 수 있다. 〈신설 2023. 12. 12.〉

제12조의2(이행강제금) ① 법 제12조의2제1항에 따른 이행강제금은 어장면적에 단위면적당 부과금액을 곱하여 산정한다. 이 경우 이행강제금은 법 제12조의2제1항에 따른 이행강제금의 상한을 넘을 수 없다.

② 제1항 전단에 따른 단위면적당 부과금액은 헥타르당 50만원으

로 한다.

[본조신설 2023. 12. 12.]

제13조(어장정화 · 정비업의 등록기준) 법 제17조제1항에 따른 어장정화 · 정비업의 등록기준은 별표 2와 같다. 〈개정 2022. 7. 5.〉

제13조의2(어장정화 · 정비업의 일시적인 등록 기준 미달) 법 제20조제1항제3호 단서에서 "대통령령으로 정하는 경우"란 다음 각 호의 어느 하나에 해당하는 경우를 말한다.

1. 별표 2 제2호에 따른 기술인력에 해당하는 사람의 사망 · 실종 또는 퇴직으로 같은 호의 기술인력에 관한 등록 기준에 미달하게 된 경우로서 그 미달하는 기간이 다음 각 목의 구분에 따른 기간 이내인 경우

가. 어장정화 · 정비업의 등록을 한 자가 「소상공인기본법」 제2조에 따른 소상공인(이하 "소상공인"이라 한다)인 경우에는 180일

나. 어장정화 · 정비업의 등록을 한 자가 「중소기업기본법」 제2조제2항에 따른 소기업(이하 "소기업"이라 한다)으로서 소상공인이 아닌 경우에는 90일

2. 별표 2 제3호의 자본금에 관한 등록 기준에 미달하게 된 경우로서 그 미달하는 기간이 다음 각 목의 구분에 따른 기간 이내인 경우

가. 어장정화 · 정비업의 등록을 한 자가 소상공인인 경우에는 180일

나. 어장정화 · 정비업의 등록을 한 자가 소기업으로서 소상공인이 아닌 경우에는 90일

[본조신설 2025. 10. 21.]

제14조(권한 등의 위임 및 위탁) ① 해양수산부장관은 법 제26조제1항에 따라 다음 각 호의 권한을 국립수산과학원장에게 위임한다. 〈개정 2023. 12. 12., 2024. 12. 24.〉

1. 법 제6조제1항에 따른 어장환경조사망의 구성·운영 및 어장환경 조사

2. 법 제6조제2항에 따른 어장환경 조사

3. 법 제6조의2제1항에 따른 어장환경정보망의 구축 및 어장환경의 조사 결과 등 어장환경에 관한 정보 제공

4. 법 제6조의2제2항에 따른 자료의 제출 요구

4의2. 법 제11조의2제1항에 따른 어장환경평가(평가 항목에 대한 측정업무는 제외한다)

5. 법 제33조제2항제4호에 따른 과태료의 부과·징수

② 해양수산부장관은 법 제26조제3항에 따라 법 제11조의2제1항에 따른 어장환경평가 중 평가 항목에 대한 측정업무를 다음 각 호의 어느 하나에 해당하는 자에게 위탁할 수 있다. 〈신설 2024. 12. 24.〉

1. 「국립해양생물자원관의 설립 및 운영에 관한 법률」에 따라 설립된 국립해양생물자원관

2. 「수산자원관리법」 제55조의2에 따른 한국수산자원공단

3. 「어촌·어항법」 제57조에 따른 한국어촌어항공단

4. 「한국해양과학기술원법」에 따라 설립된 한국해양과학기술원

5. 「해양이용영향평가법」 제31조제1항에 따른 평가대행자

6. 「해양환경관리법」 제96조에 따른 해양환경공단

7. 「고등교육법」 제2조에 따른 학교 중 수산 관련 학과·학부 또는 이에 상응하는 조직이나 연구소가 설치되어 있는 학교

③ 해양수산부장관은 제2항에 따라 업무를 위탁하는 경우에는 위탁받는 자 및 위탁업무의 내용을 고시해야 한다. 〈신설 2024. 12. 24.〉

[전문개정 2014. 8. 12.]

[제목개정 2024. 12. 24.]

제14조의2(민감정보 및 고유식별정보의 처리) 시·도지사(제3호의 사무만 해당하며, 해당 권한을 위임·재위임 또는 위탁받은 자를 포함한다) 및 시장·군수·구청장(제1호 및 제2호의 사무만 해당하며, 해당 권한을 위임·위탁받은 자를 포함한다)은 다음 각 호의 사무를 수행하기 위하여 불가피한 경우 「개인정보 보호법 시행령」 제18조제2호에 따른 범죄경력자료에 해당하는 정보, 같은 영 제19조제1호, 제2호 또는 제4호에 따른 주민등록번호, 여권번호 또는 외국인등록번호가 포함된 자료를 처리할 수 있다.

1. 법 제8조에 따른 면허·허가동시갱신에 관한 사무

2. 법 제9조에 따른 어장휴식에 관한 사무

3. 법 제17조에 따른 어장정화·정비업 등록·변경 등록 또는 신고에 관한 사무

[본조신설 2022. 7. 5.]

제15조(과태료의 부과기준 등) ① 법 제33조제2항에 따른 과태료의 부과기준은 별표 3과 같다. 〈개정 2022. 7. 5., 2023. 12. 12.〉

② 법 제33조제2항에 따른 과태료의 부과권자는 다음 각 호의 구

분에 따른다. 〈개정 2023. 12. 12.〉

1. 법 제33조제2항제1호의 경우: 시장 · 군수 · 구청장
2. 법 제33조제2항제2호 및 제3호의 경우: 시 · 도지사
3. 법 제33조제2항제4호의 경우: 해양수산부장관

[전문개정 2014. 8. 12.]

부칙 〈제20107호, 2007. 6. 26.〉

제1조 (시행일) 이 영은 2007년 6월 29일부터 시행한다.

제2조 (어장청소에 관한 적용례) 제12조의 개정규정은 이 영 시행 후 최초로 「수산업법」에 따른 어업면허 또는 어업허가를 받은 자부터 적용한다.

제3조 (과태료에 관한 경과조치) 이 영 시행 전의 행위에 대한 과태료의 부과 · 징수에 관하여는 별표 2의 개정규정에 불구하고 종전의 규정에 따른다.

부칙 〈제20351호, 2007. 10. 31.〉 (수산업법 시행령)

제1조 (시행일) 이 영은 공포한 날부터 시행한다.

제2조 부터 제7조까지 생략

제8조 (다른 법령의 개정) ① 부터 ⑰ 까지 생략

⑱ 어장관리법 시행령 일부를 다음과 같이 개정한다.

제12조제1항 본문 중 "「수산업법 시행령」 제29조제2호"을 "수산업법 시행령」 제37조제2호"로 한다.

⑲ 부터 ㉗ 까지 생략

제9조 생략

부칙 〈제20544호, 2008. 1. 11.〉 (해양환경관리법 시행령)

제1조 (시행일) 이 영은 2008년 1월 20일부터 시행한다. 〈단서 생략〉

제2조 부터 제3조까지 생략

제4조 (다른 법령의 개정) ① 부터 ⑨ 까지 생략

⑩ 어장관리법 시행령 일부를 다음과 같이 개정한다.

제5조제5항 중 "「해양오염방지법」 제4조의3제3항에 따른 해양환경공정시험방법"을 "「해양환경관리법」 제10조에 따른 해양환경공정시험기준"으로 한다.

⑪ 부터 ⑳ 까지 생략

제5조 생략

부칙 〈제20677호, 2008. 2. 29.〉 (농림수산식품부와 그 소속기관 직제)

제1조(시행일) 이 영은 공포한 날부터 시행한다.

제2조 부터 제6조까지 생략

제7조(다른 법령의 개정) ① 부터 ㊹ 까지 생략

㊺ 어장관리법 시행령 일부를 다음과 같이 개정한다.

제3조제1항 중 "국립수산과학원장(소속 수산연구소장을 포함한다. 이하 같다) 또는 지방해양수산청장(소속 해양수산사무소장을 포함한다. 이하 같다)"를 "국립수산과학원장(소속 수산연구소장을 포함한

다. 이하 같다)"로 한다.

제2조, 제5조제2항 전단 · 제3항부터 제5항까지, 제6조제1항 · 제2항 각 호 외의 부분 · 제4항, 제8조제4항, 제10조제1항 각 호 외의 부분, 제14조제1항 및 제15조제1항 · 제2항 전단 중 "해양수산부장관"을 각각 "농림수산식품부장관"으로 한다.

제11조제2항, 제12조제2항 및 제15조제4항 중 "해양수산부령"을 각각 "농림수산식품부령"으로 한다.

㊻ 부터 〈59〉 까지 생략

부칙 〈제21536호, 2009. 6. 16.〉

제1조(시행일) 이 영은 공포한 날부터 시행한다.

제2조(적용례) 제12조제1항 단서의 개정규정은 국가 또는 지방자치단체에서 예산을 지원하여 이 영 시행 후 최초로 어장정화 · 정비를 끝낸 경우부터 적용한다.

부칙 〈제22127호, 2010. 4. 20.〉 (수산업법 시행령)

제1조(시행일) 이 영은 2010년 4월 23일부터 시행한다.

제2조 부터 제9조까지 생략

제10조(다른 법령의 개정) ① 부터 ⑭ 까지 생략

⑮ 어장관리법 시행령 일부를 다음과 같이 개정한다.

제11조제1항 중 "「수산업법」 제8조제1항제7호"를 "「수산업법」 제8조제1항제6호"로 한다.

제12조제1항 본문 중 "같은 법 제43조제2항제3호"를 "같은 법

제41조제3항제3호"로, "「수산업법 시행령」 제36조제2항제1호"를 "「수산업법 시행령」 제27조제2항제1호 및 제2호"로 한다.

⑯ 부터 ㉓ 까지 생략

제11조 생략

부칙 〈제24155호, 2012. 10. 29.〉 (행정규제 개선 등을 위한 건설근로자의 고용개선 등에 관한 법률 시행령 등 일부개정령)

제1조(시행일) 이 영은 2012년 11월 1일부터 시행한다. 〈단서 생략〉

제2조 부터 제11조까지 생략

부칙 〈제24455호, 2013. 3. 23.〉 (농림축산식품부와 그 소속기관 직제)

제1조(시행일) 이 영은 공포한 날부터 시행한다. 〈단서 생략〉

제2조 부터 제5조까지 생략

제6조(다른 법령의 개정) ①부터 〈56〉까지 생략

〈57〉 어장관리법 시행령 일부를 다음과 같이 개정한다.

제2조, 제5조제2항 전단, 같은 조 제3항부터 제5항까지, 제6조제1항, 같은 조 제2항 각 호 외의 부분, 같은 조 제4항, 제8조제4항, 제10조제1항 각 호 외의 부분 및 제14조제1항 중 "농림수산식품부장관"을 각각 "해양수산부장관"으로 한다.

제11조제2항 및 제12조제2항 중 "농림수산식품부령"을 각각 "해양수산부령"으로 한다.

〈58〉부터 〈76〉까지 생략

부칙 〈제25551호, 2014. 8. 12.〉

이 영은 2014년 8월 14일부터 시행한다.

부칙 〈제29849호, 2019. 6. 11.〉 (한국해양교통안전공단법 시행령)

제1조(시행일) 이 영은 2019년 7월 1일부터 시행한다.

제2조(다른 법령의 개정) ①부터 ③까지 생략

④ 어장관리법 시행령 일부를 다음과 같이 개정한다.

별표 1의 비고 제3호 중 "선박안전기술공단"을 "「한국해양교통안전공단법」에 따라 설립된 한국해양교통안전공단 "으로 한다.

⑤부터 ⑩까지 생략

부칙 〈제30977호, 2020. 8. 26.〉 (양식산업발전법 시행령)

제1조(시행일) 이 영은 2020년 8월 28일부터 시행한다.

제2조 및 제3조 생략

제4조(다른 법령의 개정) ①부터 ㉕까지 생략

㉖ 어장관리법 시행령 일부를 다음과 같이 개정한다.

제5조제1항제2호 중 "어업권"을 "어업권·양식업권"으로 한다.

제7조제1항부터 제3항까지 및 같은 조 제4항제3호 중 "어업면허"를 각각 "어업·양식업 면허"로 한다.

제8조제3항제3호 및 제4호 중 "어업"을 각각 "어업·양식업"으로

한다.

제9조 각 호 외의 부분 및 같은 조 제1호 중 "어업면허 또는 어업허가"를 각각 "어업면허, 어업허가 또는 양식업면허"로 한다.

제12조제1항 본문 중 "「수산업법」 제8조제1항제2호부터 제7호까지의 규정에 따른 어업면허를 받은 자와 같은 법 제41조제3항제3호에 따른 어업허가를 받은 자(「수산업법 시행령」 제27조제2항제1호 및 제2호에 따른 육상종묘생산어업은 제외한다)"를 "「수산업법」 제8조제1항제6호에 따른 어업면허를 받은 자 및 「양식산업발전법」 제10조제1항제1호부터 제5호까지에 따른 양식업면허를 받은 자"로, "어업면허 또는 어업허가"를 "어업면허 또는 양식업면허"로 하고, 같은 조 제2항 중 "어업면허 또는 어업허가"를 "어업면허, 어업허가 또는 양식업면허"로 한다.

㉗부터 ㊲까지 생략

제5조 생략

부칙 〈제32781호, 2022. 7. 5.〉

제1조(시행일) 이 영은 공포 후 6개월이 경과한 날부터 시행한다. 다만, 별표 2의 개정규정 중 비고를 개정하는 부분은 공포한 날부터 시행한다.

제2조(어장청소 주기의 변경에 따른 경과조치) 이 영 시행으로 종전의 제12조제1항에 따른 어장청소 주기보다 제12조제1항 및 별표 1의 개정규정에 따른 어장청소 주기가 짧아지는 어장은 이 영 시행 이후 최초로 실시하는 어장청소에 한하여 같은 개정규정에도 불구하

고 종전의 제12조제1항에 따라 정해진 기한까지 어장청소를 실시할 수 있다.

제3조(어장청소 방법에 관한 경과조치) 이 영 시행 전에 종전의 제12조제2항에 따라 어장청소 계획을 제출한 어장은 이 영 시행 당시 제출한 어장청소 계획에 따라 실시 중이거나 실시할 예정인 어장청소에 한하여 제12조제1항 및 별표 1의 개정규정에도 불구하고 종전의 제12조제2항에 따라 제출된 어장청소 계획에 포함된 방법에 따라 어장청소를 실시할 수 있다.

부칙 〈제33225호, 2023. 1. 10.〉 (수산업법 시행령)

제1조(시행일) 이 영은 2023년 1월 12일부터 시행한다.

제2조 부터 제9조까지 생략

제10조(다른 법령의 개정) ①부터 ㉚까지 생략

㉛ 어장관리법 시행령 일부를 다음과 같이 개정한다.

제12조제1항 본문 중 "「수산업법」 제8조제1항제6호"를 "「수산업법」 제7조제1항제2호"로 한다.

㉜부터 ㊽까지 생략

제11조 생략

부칙 〈제33434호, 2023. 4. 25.〉 (소상공인 경제회복 지원을 위한 61개 법령의 일부개정에 관한 대통령령)

제1조(시행일) 이 영은 공포한 날부터 시행한다.

제2조(행정처분·과징금 또는 과태료에 관한 적용례) 제1조부터 제

61조까지의 개정규정은 이 영 시행 전의 위반행위에 대하여 이 영 시행 이후 행정처분을 하거나 과징금 또는 과태료 부과처분을 하는 경우에도 적용한다.

부칙 〈제33955호, 2023. 12. 12.〉

제1조(시행일) 이 영은 2023년 12월 28일부터 시행한다.

제2조(어장청소 주기 특례에 관한 적용례) 제12조제2항제2호 및 제3호의 개정규정은 이 영 시행 이후 「수산업법」 제7조제1항제2호에 따른 어업면허 또는 「양식산업발전법」 제10조제1항제1호부터 제5호까지의 규정에 따른 양식업면허를 각 면허 유효기간의 연장허가기간이 끝난 후 연속해서 각 면허를 받는 경우부터 적용한다.

부칙 〈제34988호, 2024. 11. 12.〉 (소상공인 등의 경영활성화 지원을 위한 22개 법령의 일부개정에 관한 대통령령)

제1조(시행일) 이 영은 공포한 날부터 시행한다. 〈단서 생략〉

제2조 부터 제6조까지 생략

부칙 〈제35105호, 2024. 12. 24.〉

이 영은 2025년 1월 24일부터 시행한다.

부칙 〈제35826호, 2025. 10. 21.〉

이 영은 2025년 10월 23일부터 시행한다.

별표 / 서식

[별표 1] 어업면허 또는 양식업면허의 종류 및 양식방법 등에 따른 어장청소 주기 및 방법(제12조제1항 관련)

[별표 2] 어장정화·정비업의 등록기준(제13조 관련)

[별표 3] 과태료의 부과기준(제15조 관련)

어장관리법 시행규칙

[시행 2025. 1. 24.] [해양수산부령 제719호, 2025. 1. 24., 일부개정]

**개정 예정 법률 밑줄 별도 표시.

어장관리법 시행규칙

[시행 2025. 1. 24.] [해양수산부령 제719호, 2025. 1. 24., 일부개정]

제1조(목적) 이 규칙은 「어장관리법」과 같은 법 시행령에서 위임된 사항과 그 시행에 필요한 사항을 규정함을 목적으로 한다.

제2조(어장관리해역의 지정 방법과 절차 등) ① 해양수산부장관은 「어장관리법」(이하 "법"이라 한다) 제5조에 따라 어장관리해역을 지정·변경 또는 해제하려는 경우에는 다음 각 호의 사항이 포함된 계획서를 작성하여 미리 관할 광역시장·도지사 또는 특별자치도지사(이하 "시·도지사"라 한다) 및 시장·군수·구청장(자치구의 구청장을 말한다. 이하 같다)과 협의하여야 한다. 〈개정 2014. 8. 14., 2020. 8. 28.〉

1. 어장관리해역의 지정·변경 또는 해제 사유 및 목적
2. 어장관리해역의 위치·면적 및 범위
3. 어장관리해역의 어업권·양식업권 현황 및 어장기본도(축척 2만 5천 분의 1 이상인 지도에 표시한 것을 말한다)
4. 어장관리해역의 양식 피해 실적
5. 법 제6조에 따른 어장환경조사(이하 "어장환경조사"라 한다)의 결과

6. 그 밖에 어장관리해역의 지정·변경 또는 해제와 관련하여 필요한 사항

② 제1항에 따라 협의를 요청받은 시·도지사 및 시장·군수·구청장은 특별한 사유가 없는 한 그 요청을 받은 날부터 30일 이내에 해양수산부장관에게 의견을 제출하여야 한다. 〈개정 2014. 8. 14.〉

③ 해양수산부장관이 법 제5조제4항에 따라 어장관리해역의 지정·변경 또는 해제의 사실을 고시하는 경우에는 다음 각 호의 사항이 포함되도록 하여야 한다. 〈개정 2014. 8. 14., 2020. 8. 28.〉

1. 어장관리해역의 지정·변경 또는 해제의 사유 및 일자

2. 어장관리해역의 위치·면적 및 범위(축척 2만 5천 분의 1 이상인 지도에 표시한 것을 말한다)

3. 어장관리해역의 어업권·양식업권 현황 및 어장기본도

4. 그 밖에 어장관리해역의 지정·변경 또는 해제와 관련하여 필요한 사항

④ 해양수산부장관은 법 제5조제4항에 따라 어장관리해역의 지정·변경 또는 해제의 고시를 하는 경우에는 그 내용을 지체 없이 관할 시·도지사 및 시장·군수·구청장에게 통보하고 관할 지역의 읍·면·동사무소 및 지구별·업종별 수산업협동조합에 보내 관계인이 열람할 수 있도록 하여야 한다. 〈개정 2008. 3. 3., 2013. 3. 24., 2014. 8. 14.〉

제3조(어장환경조사망의 구성·운영 등) ① 국립수산과학원장은 법 제6조제1항에 따른 어장환경조사망을 다음 각 호의 구분에 따라 구성·운영한다.

1. 해조류 어장환경조사망

2. 패류 어장환경조사망

3. 어류 등 어장환경조사망

4. 어장관리해역 어장환경조사망

② 국립수산과학원장은 어장환경조사망을 구성·운영하기 위하여 매년 다음 각 호의 사항이 포함된 어장환경조사망의 구성·운영계획을 수립하여야 한다.

1. 어장환경조사의 시기 및 횟수

2. 어장환경조사의 위치 및 위치를 표시한 도면

3. 어장환경조사의 항목 및 방법

4. 그 밖에 어장환경조사망의 구성·운영에 필요한 사항

[전문개정 2014. 8. 14.]

제3조의2(어장환경평가 대상 및 평가 항목 등) ① 법 제11조의2제1항에 따른 어장환경에 관한 평가(이하 "어장환경평가"라 한다)의 대상은 「양식산업발전법」 제10조제1항제1호부터 제6호까지의 양식업의 어장으로 하고, 어장환경평가 대상별 평가 항목은 다음 각 호의 구분과 같다. 〈개정 2025. 1. 24.〉

1. 해조류양식업: 퇴적물의 총유기(總有機)탄소량, 중금속 농도 및 저서동물(低棲動物: 바다·늪·하천·호수 따위의 밑바닥에 사는 동물) 지수

2. 패류양식업: 퇴적물의 총유기탄소량, 총황량, 중금속 농도 및 저서동물 지수

3. 어류등양식업: 퇴적물의 총유기탄소량, 총황량, 중금속 농도 및

저서동물 지수

4. 복합양식업: 제1호부터 제3호까지의 평가 항목 중 양식하는 대상품종의 평가 항목

5. 협동양식업: 저서동물 지수

6. 외해양식업: 제1호 및 제3호의 평가 항목 중 양식하는 대상품종의 평가 항목

② 국립수산과학원장은 어장환경평가를 실시하기 위하여 매년 어장환경평가 실시계획(이하 "평가 실시계획"이라 한다)을 수립하여 시장·군수·구청장에게 통보하여야 한다.

③ 평가 실시계획에는 다음 각 호의 사항이 포함되어야 한다.

1. 어장환경평가 대상 어장의 명칭 및 위치

2. 어장환경평가의 시기 및 방법

④ 어장환경평가의 방법은 별표 1과 같다.

⑤ 국립수산과학원장은 어장환경평가 결과에 따라 어장의 등급을 1등급부터 4등급까지로 구분하고, 어장환경평가 결과를 해당 어장을 관할하는 시장·군수·구청장에게 어장환경평가를 실시한 다음 연도 1월 31일까지 통보하여야 한다.

⑥ 그 밖에 어장환경평가의 방법 및 절차 등에 관하여 필요한 세부사항은 국립수산과학원장이 정하여 고시한다.

[본조신설 2014. 8. 14.]

제3조의3(어장환경평가에 따른 조치 등) ① 시장·군수·구청장은 어장환경평가 결과를 고려하여 법 제10조제1항에 따라 다음 각 호의 구분에 따른 조치를 해야 한다. 〈개정 2020. 8. 28., 2021. 6. 30.〉

1. 1등급: 10년의 범위에서 어업면허·양식업면허 유효기간 연장 허가

2. 2등급: 10년의 범위에서 어업면허·양식업면허 유효기간 연장 허가. 이 경우 시장·군수·구청장은 어업면허·양식업면허를 받은 자에게 어장환경 개선 권고를 하여야 한다.

3. 3등급: 5년의 범위에서 어업면허·양식업면허 유효기간 연장 허가. 이 경우 시장·군수·구청장은 어업면허·양식업면허를 받은 자에게 어장환경 개선 및 어장 내 시설물의 위치 이동을 지시하여야 한다.

4. 4등급: 어업면허·양식업면허를 받은 자의 어장환경 개선 노력 정도를 고려하여 4년의 범위에서 어업면허·양식업면허 유효기간 연장 허가. 이 경우 시장·군수·구청장은 어업면허·양식업면허를 받은 자에게 어장환경 개선 및 어장 내 시설물의 위치 이동을 지시해야 하고, 2회 이상 4등급을 받은 경우에는 어업면허·양식업면허를 받은 자에게 어장 바닥의 퇴적물을 준설하거나 어장위치를 조정하는 방안을 강구하도록 권고해야 한다.

② 시장·군수·구청장은 제1항에 따른 조치를 하면 그 결과를 해양수산부장관에게 통보하여야 한다.

[본조신설 2014. 8. 14.]

제4조(어장청소 등) ① 어업면허, 양식업면허 또는 어업허가를 받은 자가 「어장관리법 시행령」(이하 “영”이라 한다) 제12조제2항에 따라 어장청소를 실시하려는 경우에는 별지 제1호서식의 어장청소실시계획서를 작성하여 해당 수면을 관할하는 시장·군수·구청장에게 제

출하여야 한다. 〈개정 2014. 8. 14., 2020. 8. 28.〉

② 제1항에 따라 어장청소실시계획서를 제출받은 해당 시장·군수·구청장은 소속 공무원으로 하여금 어장청소의 실시 여부를 확인하게 한 후 또는 해당 어장청소실시계획서를 제출한 자가 어장청소 사진과 폐기물처리증명서 등으로 어장청소를 증명하는 경우에는 그 사실을 별지 제2호서식의 어장관리대장에 적고 이를 보관하여야 한다. 〈개정 2021. 11. 12.〉

제5조(어장부표의 규격) ① 법 제13조제3항에 따라 어구 등을 어장에 설치할 때 사용하는 부표(이하 "어장부표"라 한다)는 다음 각 호의 어느 하나에 해당하는 규격에 적합한 제품이어야 한다. 〈개정 2021. 11. 12.〉

1. 발포 부표의 경우 발포폴리스티렌(EPS)이 포함되지 않은 제품

2. 비발포 부표의 경우 경제성과 내구성을 고려하여 합성수지를 재료로 성형(成形)하거나 피복(被服)된 제품

3. 국가 또는 지방자치단체가 지원하는 사업을 통하여 어업인 또는 양식업자에게 보급되는 친환경 개량 부표

② 제1항에 따른 어장부표에는 규격, 부피 및 제조자 등을 확인할 수 있도록 규격이 표시되어야 한다. 〈개정 2021. 11. 12.〉

제6조(어장정화·정비실시계획의 수립 등) ① 법 제14조제1항에 따른 어장정화·정비에 관한 집행지침에는 다음 각 호의 사항이 포함되어야 한다.

1. 어장관리에 관한 세부적인 정책목표 및 방향

2. 정화·정비가 필요한 대상 어장의 기준

3. 어장정화 · 정비의 추진방법 및 절차

4. 어장의 시설물 재배치에 관한 사항

5. 불법행위 방지 및 석성관리 방안

② 해양수산부장관은 법 제14조제1항에 따라 어장정화 · 정비에 관한 집행지침을 수립한 때에는 매년 12월말까지 시 · 도지사에게 통보하여야 하며, 시 · 도지사는 다음 해 1월 말까지 어장정화 · 정비 세부지침을 정하여 시장 · 군수 · 구청장에게 통보하여야 한다. 〈개정 2008. 3. 3., 2013. 3. 24., 2014. 8. 14.〉

③ 시장 · 군수 · 구청장은 법 제14조제2항에 따라 수립한 어장정화 · 정비실시계획을 같은 해 3월말까지 해양수산부장관에게 제출하여야 한다. 〈개정 2008. 3. 3., 2013. 3. 24.〉

④ 시장 · 군수 · 구청장이 법 제14조제4항에 따라 어장정화 · 정비실시계획의 수립 또는 변경을 고시하는 경우에는 다음 각 호의 사항이 포함되도록 하여야 한다.

1. 어장정화 · 정비의 대상 어장 및 기간

2. 어장정화 · 정비의 추진방법 및 절차

3. 어장의 시설물 재배치에 관한 사항

4. 그 밖에 어장의 적정관리를 위하여 시장 · 군수 · 구청장이 필요하다고 인정하는 사항

제7조(어장정화 · 정비업의 등록) ① 법 제17조제1항 전단에 따라 어장정화 · 정비업의 등록을 하려는 자는 별지 제4호서식의 어장정화 · 정비업등록신청서(전자문서로 된 신청서를 포함한다. 이하 같다)에 다음 각 호의 서류를 첨부하여 주된 사무소의 소재지를 관할하는

시·도지사에게 제출해야 한다. 다만, 서울특별시에 주된 사무소를 두고 있는 자로서 어장정화·정비업의 등록을 하려는 자는 어장정화·정비업을 주로 수행하려는 분사무소 한 곳을 정하여 그 소재지를 관할하는 시·도지사에게 제출해야 한다. 〈개정 2011. 12. 30., 2023. 12. 26., 2024. 12. 31.〉

1. 정관 1부(법인인 경우로 한정한다)

2. 기술인력 현황 서류 사본 1부

3. 삭제 〈2011. 12. 30.〉

4. 다른 사람 소유의 선박을 임차한 경우에는 임차권을 증명하는 선박등기부등본 1부

5. 장비명세서 1부

6. 자본금(주식회사의 경우 납입자본금을 말하고, 주식회사 외의 법인의 경우 출자금을 말하며, 개인회사의 경우 영업용 자산평가액을 말한다)의 보유 현황 증명서류 1부

② 제1항에 따른 신청서를 제출받은 시·도지사는 「전자정부법」 제36조제1항에 따른 행정정보의 공동이용을 통하여 다음 각 호의 서류를 확인해야 한다. 다만, 신청인이 제2호부터 제4호까지의 서류 확인에 동의하지 않는 경우에는 해당 서류를 첨부하도록 해야 한다. 〈개정 2023. 12. 26.〉

1. 법인 등기사항증명서(법인인 경우만 해당한다. 이하 같다)

2. 기술인력의 국가기술자격 취득사항 확인서

3. 선박원부

4. 선박검사증서(영 별표 2 제1호에 따른 선박의 등록기준에서

정하는 총톤수 50톤 이상의 부선이 「선박안전법 시행령」 제2조제1항제3호에 해당하는 경우는 제외한다. 이하 같다)

제8조(어장정화·정비업등록증의 교부 등) ① 시·도지사는 제7조에 따른 등록신청이 영 별표 1의 어장정화·정비업의 등록기준에 적합하다고 인정되는 경우에는 별지 제5호서식의 어장정화·정비업등록증을 발급하여야 한다.

② 시·도지사는 제1항에 따라 등록증을 교부하는 경우에는 별지 제6호서식의 어장정화·정비업등록대장에 그 내용을 적어야 한다.

제9조(어장정화·정비업의 변경등록) ①법 제17조제1항 후단에 따라 어장정화·정비업을 등록한 자가 등록사항을 변경하려는 경우에는 변경 사유가 발생한 날부터 30일 이내에 별지 제7호서식의 어장정화·정비업변경등록신청서에 해당 변경사실을 증명할 수 있는 서류를 첨부하여 시·도지사에게 제출하여야 한다. 〈개정 2014. 8. 14.〉

② 제1항에 따른 신청서를 제출받은 시·도지사는 「전자정부법」 제36조제1항에 따라 행정정보의 공동이용을 통하여 다음 각 호의 서류를 확인해야 한다. 다만, 신청인이 제2호부터 제4호까지의 서류 확인에 동의하지 않는 경우에는 해당 서류를 첨부하도록 해야 한다. 〈신설 2014. 8. 14., 2023. 12. 26.〉

1. 법인 등기사항증명서
2. 기술인력의 국가기술자격 취득사항 확인서
3. 선박원부
4. 선박검사증서

[제목개정 2023. 12. 26.]

제10조(어장정화·정비업의 휴업, 재개업 또는 폐업의 신고 등) 법 제17조제2항에 따라 어장정화·정비업을 휴업, 재개업 또는 폐업하려는 자는 별지 제8호서식에 따른 신고서에 어장정화·정비업등록증을 첨부하여 시·도지사에게 제출하여야 한다.

제11조(영업의 승계 신고) ① 법 제19조제3항에 따라 영업의 승계를 신고하려는 자는 별지 제9호서식의 영업승계신고서에 다음 각 호의 구분에 따른 서류를 첨부하여 시·도지사에게 제출하여야 한다.

1. 영업 양도의 경우 양도계약서 등 양도·양수를 증명할 수 있는 서류 사본
2. 상속의 경우 상속인임을 증명할 수 있는 서류
3. 합병의 경우 합병계약서 사본 및 합병에 대한 사항을 의결한 총회 또는 창립총회의 결의서 사본
4. 그 밖에 경매, 환가 및 압류재산의 매각 등 이에 준하는 절차에 따라 어장정화·정비업의 시설 또는 설비의 전부를 인수하는 경우 권리·의무를 승계하였음을 증명할 수 있는 서류

② 제1항에 따른 신고서를 제출받은 시·도지사는 「전자정부법」 제36조제1항에 따른 행정정보의 공동이용을 통하여 법인 등기사항증명서를 확인해야 한다. 〈개정 2011. 12. 30., 2023. 12. 26.〉

제12조(어장정화·정비업의 등록취소 기준 및 절차) ① 법 제20조에 따른 어장정화·정비업의 등록취소 및 영업정지에 대한 처분기준은 별표 2와 같다. 〈개정 2014. 8. 14.〉

② 등록취소 및 영업정지 처분은 별지 제10호서식의 처분서를 처

분대상자에게 내어줌으로써 행하고 그 처분의 내용을 별지 제5호서식의 어장정화·정비업등록증과 별지 제6호서식의 어장정화·정비업등록대장에 각각 적어야 한다.

제13조(어장에의 출입통지) ① 법 제23조제2항에 따른 어장에의 출입통지는 별지 제11호서식과 같다.

② 법 제23조제4항에 따른 어장환경조사 공무원 등의 증표는 별지 제12호서식과 같다. 〈개정 2014. 8. 14., 2025. 1. 24.〉

[제목개정 2014. 8. 14.]

제14조(과태료의 징수절차) 영 제15조에 따른 과태료의 징수절차에 대하여는 「국고금관리법 시행규칙」을 준용한다. 이 경우 납입고지서에는 이의방법 및 이의기간 등을 함께 기재하여야 한다.

부칙 〈제374호, 2007. 6. 29.〉

제1조 (시행일) 이 규칙은 2007년 6월 29일부터 시행한다.

제2조 (어장부표의 규격에 관한 적용례) 제5조의 개정규정은 2008년 12월 29일 이후 최초로 설치하는 어장부표부터 적용한다.

부칙 〈제1호, 2008. 3. 3.〉 (농림수산식품부와 그 소속기관 직제 시행규칙)

제1조 (시행일) 이 규칙은 공포한 날부터 시행한다.

제2조 부터 제4조까지 생략

제5조 (다른 법령의 개정) ① 부터 ㊷ 까지 생략

㊸ 어장관리법 시행규칙 일부를 다음과 같이 개정한다.

제2조제4항, 제6조제2항 및 제3항 중 “해양수산부장관”을 각각 “농림수산식품부장관”으로 한다.

㊹ 부터 〈63〉 까지 생략

부칙 〈제120호, 2010. 4. 28.〉 (어업의 허가 및 신고 등에 관한 규칙)

제1조(시행일) 이 규칙은 공포한 날부터 시행한다.

제2조 부터 제5조까지 생략

제6조(다른 법령의 개정) ① 부터 ⑦ 까지 생략

⑧ 어장관리법 시행규칙 일부를 다음과 같이 개정한다.

별표 제2호 개별기준의 위반사항란 제4호 중 “「수산업법」 제43조 · 제46조 · 제58조”를 “「수산업법」 제41조 · 제42조 · 제47조 · 제66조”로 한다.

⑨ 생략

부칙 〈제232호, 2011. 12. 30.〉

이 규칙은 공포한 날부터 시행한다.

부칙 〈제283호, 2012. 6. 14.〉

이 규칙은 공포한 날부터 시행한다.

부칙 〈제326호, 2012. 12. 11.〉 (법령서식 개선을 위한 가축분뇨의 자원화 및 이용 촉진에 관한 규칙 등 일부개정령)

이 규칙은 공포한 날부터 시행한다.

부칙 〈세1호, 2013. 3. 24.〉 (해양수산부와 그 소속기관 직제 시행규칙)

제1조(시행일) 이 규칙은 공포한 날부터 시행한다.

제2조 부터 제4조까지 생략

제5조(다른 법령의 개정) ①부터 ㊲까지 생략

㊳ 어장관리법 시행규칙 일부를 다음과 같이 개정한다.

제2조제4항 및 제6조제2항ㆍ제3항 중 “농림수산식품부장관”을 각각 “해양수산부장관”으로 한다.

㊴부터 〈63〉까지 생략

부칙 〈제84호, 2014. 6. 23.〉 (개인정보 보호를 위한 국제선박등록법 시행규칙 등 일부개정령)

이 규칙은 공포한 날부터 시행한다.

부칙 〈제90호, 2014. 8. 14.〉

이 규칙은 2014년 8월 14일부터 시행한다.

부칙 〈제432호, 2020. 8. 28.〉 (양식산업발전법 시행규칙)

제1조(시행일) 이 규칙은 2020년 8월 28일부터 시행한다. 〈단서 생략〉

제2조 부터 제6조까지 생략

제7조(다른 법령의 개정) ①부터 ⑫까지 생략

⑬ 어장관리법 시행규칙 일부를 다음과 같이 개정한다.

제2조제1항제3호 및 같은 조 제3항제3호 중 “어업권”을 각각 “어업권 · 양식업권”으로 한다.

제3조의2제1항 각 호 외의 부분 중 “가두리양식어업”을 “가두리양식업”으로 한다.

제3조의3제1항제1호, 같은 항 제2호 전단 및 후단, 같은 항 제3호 전단 및 후단, 같은 항 제4호 전단 및 후단 중 “어업면허”를 각각 “어업면허 · 양식업면허”로 한다.

제4조제1항 중 “어업면허 또는 어업허가”를 “어업면허, 양식업면허 또는 어업허가”로 한다.

별지 제1호서식 앞쪽 중 “어업권자”를 “어업권자 · 양식업권자”로, “어업의 종류”를 “어업 · 양식업의 종류”로, “면허어업”을 “면허어업 · 양식업”으로 한다.

⑭부터 ⑯까지 생략

제8조 생략

부칙 〈제486호, 2021. 6. 30.〉 (어려운 법령용어 정비를 위한 56개 법령의 일부개정에 관한 해양수산부령)

이 규칙은 공포한 날부터 시행한다.

부칙 〈제506호, 2021. 11. 12.〉

제1조(시행일) 이 규칙은 공포한 날부터 시행한다. 다만, 제5조제1

항제1호의 개정규정은 다음 각 호의 구분에 따른 날부터 시행하고, 같은 조 제2항의 개정규정은 공포 후 2년이 경과한 날부터 시행한다.

1. 「양식산업발전법」 제10조제1항제1호부터 제6호까지의 규정에 따른 면허를 받은 양식업

가. 수하식양식업에 해당하는 양식업: 공포 후 1년이 경과한 날

나. 가목을 제외한 종류에 해당하는 양식업: 공포 후 2년이 경과한 날

2. 「수산업법」 제8조제1항에 따른 면허를 받거나 같은 법 제41조제3항에 따른 허가를 받은 어업: 공포 후 2년이 경과한 날

제2조(어장부표의 규격에 관한 적용례) 제5조제1항제1호의 개정규정은 부칙 제1조 단서에 따른 시행일 이후 신규로 설치하는 어장부표부터 적용한다.

부칙 〈제581호, 2023. 2. 3.〉 (수산업법 시행규칙)

제1조(시행일) 이 규칙은 공포한 날부터 시행한다.

제2조 부터 제13조까지 생략

제14조(다른 법령의 개정) ①부터 ⑭까지 생략

⑮ 어장관리법 시행규칙 일부를 다음과 같이 개정한다.

별표 2 제2호의 위반사항란 제4호 중 "「수산업법」 제41조 · 제42조 · 제47조 · 제66조를 위반하여"를 "「수산업법」 제40조 · 제43조 · 제48조 · 제63조"로 한다.

⑯부터 ⑱까지 생략

제15조 생략

부칙 〈제594호, 2023. 3. 28.〉

이 규칙은 공포한 날부터 시행한다.

부칙 〈제642호, 2023. 12. 26.〉

이 규칙은 공포한 날부터 시행한다.

부칙 〈제710호, 2024. 12. 31.〉 (자본금 기준 명확화를 위한 국제항해선박 및 항만시설의 보안에 관한 법률 시행규칙 등 3개 법령의 일부개정에 관한 해양수산부령)

이 규칙은 공포한 날부터 시행한다.

부칙 〈제719호, 2025. 1. 24.〉

이 규칙은 2025년 1월 24일부터 시행한다.

별표 / 서식

[별표 1] 어장환경평가 방법(제3조의2제4항 관련)

[별표 2] 어장정화·정비업의 등록취소 등에 대한 처분기준(제12조 제1항 관련)

[별지 제1호서식] 어장청소실시계획서

[별지 제2호서식] 어장관리대장

[별지 제3호서식] 삭제 〈2014.8.14.〉

[별지 제4호서식] 어장정화 · 정비업등록신청서

[별지 제5호서식] 어장정화·정비업등록증

[별지 세6호서식] 어장정화 · 정비업등록대장

[별지 제7호서식] 어장정화 · 정비업 변경등록신청서

[별지 제8호서식] (휴업, 재개업, 폐업)신고서

[별지 제9호서식] 영업승계신고서

[별지 제10호서식] 처분서

[별지 제11호서식] 어장 출입통지

[별지 제12호서식] 어장환경조사 공무원 등의 증표

대한민국 법령 시리즈 164

어장관리법

법 령 / 시 행 령 / 시 행 규 칙

2025년 10월 28일 인쇄 정가 12,000원
2025년 11월 8일 발행

편 저 편집부
디 자 인 송영미
발 행 인 조준형 http://www.hgbookpub.com
발 행 처 해광출판사 E-mail : munbookcokr@naver.com
주 소 부산광역시 중구 해관로 41-1 (중앙동2가)
전화번호 (051) 253-0001 팩스 (051) 245-1187
등 록 제 2012-000005호

해광출판사에서는 여러분의 소중한 원고와 함께 할 기회를 기다리고 있습니다.
책으로 엮을 원고나 아이디어가 있으신 분들은 이메일 munbookcokr@naver.com
로 책에 대한 간단한 개요와 원고 전체 또는 일부를 연락처와 함께 보내주십시오.

ISBN 979-11-6881-903-0

※ 법령 출처 : 법제처 국가법령정보센터
※ 본 도서는 〈공공데이터 제공 및 이용 활성화에 관한 법률〉을 근거로 출판되었습니다.

해광출판사 대한민국 법령 시리즈

001. 선원법
002. 어선법
003. 선박직원법
004. 해사안전기본법
005. 해양환경관리법
006. 선박의 입항 및 출항등에 관한 법률
007. 학교안전사고예방 및 보상에 관한 법률
008. 종합부동산세법
009. 방위사업법
010. 행정규제기본법
011. 식품산업진흥법
012. 위험물안전관리법
013. 화재의 예방 및 안전관리에 관한 법률
014. 도시가스사업법
015. 실내공기질관리법
016. 지방세법
017. 소득세법
018. 법인세법
019. 도선법
020. 선박안전법
021. 선박법
022. 수산업법
023. 고압가스안전관리법
024. 국민연금법
025. 공동주택관리법
026. 화학물질관리법
027. 어선원 및 어선 재해보상보험법
028. 장기등 이식에 관한 법률
029. 자연재해대책법
030. 공유재산 및 물품 관리법
031. 산업입지 및 개발에 관한 법률
032. 부정경쟁방지 및 영업비밀보호에 관한 법률
033. 금융지주회사법
034. 온실가스 배출권의 할당 및 거래에 관한 법률
035. 건축사법
036. 산림문화휴양에 관한 법률
037. 전기사업법
038. 사립학교법
039. 고등교육법
040. 액화석유가스의 안전관리 및 사업법
041. 선박투자회사법
042. 수산자원관리법
043. 위험물선박운송및저장규칙
044. 선박평형수관리법
045. 주택임대차보호법
046. 상가건물임대차보호법
047. 지방공기업법
048. 승강기안전관리법
049. 수목원·정원의 조성 및 진흥에 관한 법률
050. 민법
051. 치료감호 등에 관한 법률
052. 대부업 등의 등록 및 금융이용자 보호에 관한 법률
053. 사료관리법
054. 무형문화재 보전 및 진흥에 관한 법률
055. 총포·도검·화약류 등의 안전관리에 관한 법률
056. 경찰관직무집행법
057. 시설물의 안전 및 유지관리에 관한 특별법
058. 수산생물질병 관리법
059. 소비자기본법
060. 국제선박등록법
061. 정보통신망 이용촉진 및 정보보호 등에 관한 법률
062. 해운법
063. 농수산물 품질관리법
064. 수산업협동조합법
065. 해외건설촉진법
066. 수상레저안전법
067. 공무원재해보상법
068. 수상에서의 수색·구조 등에 관한 법률
069. 어촌어항법
070. 항만법
071. 항만운송사업법
072. 해양경비법
073. 해양사고의 조사 및 심판에 관한 법률
074. 외국인근로자의 고용 등에 관한 법률
075. 중소기업기본법
076. 자유무역지역의 지정 및 운영에 관한 법률
077. 대기환경보전법
078. 소음진동관리법
079. 폐기물관리법
080. 하수도법
081. 물환경보전법
082. 토양환경보전법
083. 환경정책기본법
084. 산업재해보상보험법
085. 관세법
086. 노동조합 및 노동관계조정법
087. 근로기준법
088. 군인연금법
089. 먹는물관리법
090. 기술보증기금법
091. 관광진흥법
092. 감염병의 예방 및 관리에 관한 법률
093. 사법경찰관리의 직무를 수행할 자와 그 직무범위에 관한 법률
094. 수의사법
095. 가정폭력방지 및 피해자보호 등에 관한 법률
096. 환경영향평가법
097. 체육시설의 설치 · 이용에 관한 법률
098. 장사 등에 관한 법률
099. 상호저축은행법
100. 은행법
101. 보호관찰 등에 관한 법률
102. 형법
103. 자동차관리법
104. 형사소송법
105. 전자금융거래법
106. 마약류 불법거래 방지에 관한 특례법
107. 도로법
108. 주세법
109. 변리사법
110. 하천법
111. 중소기업진흥에 관한 법률
112. 발달장애인 권리보장 및 지원에 관한 법률
113. 주택법
114. 장애인복지법
115. 농어업경영체 육성 및 지원에 관한 법률
116. 공인중개사법
117. 건강기능식품에 관한 법률
118. 예비군법
119. 개발제한구역의 지정 및 관리에 관한 특별조치법
120. 국유재산법
121. 주차장법
122. 환경기술 및 환경산업 지원법
123. 대기관리권역의 대기환경개선에 관한 특별법
124. 악취방지법
125. 미세먼지 저감 및 관리에 관한 특별법
126. 가축분뇨의 관리 및 이용에 관한 법률
127. 물의 재이용 촉진 및 지원에 관한 법률
128. 물관리기본법
129. 물관리기술 발전 및 물산업 진흥에 관한 법률
130. 자원의 절약과 재활용촉진에 관한 법률
131. 전기 · 전자제품 및 자동차의 자원순환에 관한 법률
132. 건설폐기물의 재활용촉진에 관한 법률
133. 수도권매립지관리공사의 설립 및 운영 등에 관한 법률
134. 폐기물의 국가 간 이동 및 그 처리에 관한 법률
135. 폐기물처리시설 설치촉진 및 주변지역지원 등에 관한 법률
136. 자원순환기본법
137. 잔류성오염물질 관리법
138. 환경분쟁 조정법

해광출판사 대한민국 법령 시리즈

139. 화학물질의 등록 및 평가 등에 관한 법률
140. 환경오염시설의 통합관리에 관한 법률
141. 환경오염피해 배상책임 및 구제에 관한 법률
142. 중소기업제품 구매촉진 및 판로지원에 관한 법률
143. 환경개선비용 부담법
144. 환경분야 시험·검사 등에 관한 법률
145. 환경친화적 산업구조로의 전환촉진에 관한 법률
146. 환경친화적 자동차의 개발 및 보급 촉진에 관한 법률
147. 환경범죄 등의 단속 및 가중처벌에 관한 법률
148. 생명윤리 및 안전에 관한 법률
149. 장애인차별금지 및 권리구제 등에 관한 법률
150. 부동산투자회사법
151. 정치자금법
152. 과학기술기본법
153. 대리점거래의 공정화에 관한 법률
154. 상속세 및 증여세법
155. 학원의 설립 · 운영 및 과외교습에 관한 법률
156. 해양심층수의 개발 및 관리에 관한 법률
157. 전기용품 및 생활용품 안전관리법
158. 사회기반시설에 대한 민간투자법
159. 공직선거법
160. 정당법
161. 유류오염손해배상 보장법
162. 부정청탁 및 금품등 수수의 금지에 관한 법률
163. 항로표지법
164. 어장관리법
165. 민방위기본법
166. 공직자윤리법
167. 선거관리위원회법
168. 유선 및 도선 사업법
169. 전기공사업법
170. 사회복지사업법
171. 택지개발촉진법
172. 국가공무원법
173. 민간임대주택에 관한 특별법
174. 어음법·수표법
175. 민사집행법
176. 상법
177. 문화예술진흥법
178. 중소기업협동조합법
179. 농업협동조합법
180. 도로교통법
181. 의료사고 피해구제 및 의료분쟁 조정 등에 관한 법률
182. 산림보호법
183. 소년법
184. 동물보호법
185. 건축물관리법
186. 도시개발법
187. 화물자동차 운수사업법
188. 도시 및 주거환경정비법
189. 의료법
190. 국회법
191. 응급의료에 관한 법률
192. 출입국관리법
193. 노인복지법
194. 산림자원의 조성 및 관리에 관한 법률
195. 청소년 보호법
196. 초 · 중등교육법
197. 혁신도시 조성 및 발전에 관한 특별법
198. 경제자유구역의 지정 및 운영에 관한 특별법
199. 공공기관의 운영에 관한 법률
200. 대한민국헌법
201. 국민기초생활 보장법
202. 저작권법
203. 가사소송법
204. 국가유공자 등 예우 및 지원에 관한 법률
205. 국민체육진흥법
206. 전통주 등의 산업진흥에 관한 법률
207. 재난 및 안전관리 기본법
208. 정보통신공사업법
209. 주식회사 등의 외부감사에 관한 법률
210. 공익사업을 위한 토지 등의 취득 및 보상에 관한 법률
211. 개인정보 보호법
212. 국세기본법
213. 에너지이용 합리화법
214. 감정평가 및 감정평가사에 관한 법률
215. 국가인권위원회법
216. 가맹사업거래의 공정화에 관한 법률
217. 보건의료기본법
218. 산업안전보건법
219. 법무사법
220. 교육공무원법
221. 특허법
222. 민사소송법
223. 아동복지법
224. 전파법
225. 하도급거래 공정화에 관한 법률
226. 기초연금법
227. 사립학교교직원 연금법
228. 직업안정법
229. 장애아동 복지지원법
230. 부동산등기법
231. 자동차손해배상 보장법
232. 철도안전법
233. 항공안전법
234. 전자상거래 등에서의 소비자보호에 관한 법률
235. 독점규제 및 공정거래에 관한 법률
236. 상표법
237. 채무자 회생 및 파산에 관한 법률
238. 공무원연금법
239. 축산법
240. 근로복지기본법
241. 민원 처리에 관한 법률
242. 약사법
243. 방문판매 등에 관한 법률
244. 건축기본법
245. 지방세기본법
246. 지방세징수법
247. 지방자치법
248. 도시교통정비 촉진법
249. 공공주택 특별법
250. 국세징수법
251. 공인노무사법
252. 중대재해 처벌 등에 관한 법률
253. 외무공무원법
254. 소방시설공사업법
255. 검역법
256. 공중위생관리법
257. 할부거래에 관한 법률
258. 인터넷 멀티미디어 방송사업법
259. 전기통신사업법
260. 제품안전기본법
261. 철도사업법
262. 어린이제품 안전 특별법
263. 영유아보육법
264. 원자력안전법
265. 보험업법
266. 경비업법
267. 교통안전법
268. 세무사법
269. 관세사법
270. 공인회계사법
271. 지방공무원법
272. 고용정책 기본법
273. 국가경찰과 자치경찰의 조직 및 운영에 관한 법률
274. 협동조합 기본법
275. 재해구호법
276. 환경보건법

해광출판사 대한민국 법령 시리즈

277. 자살예방 및 생명존중문화 조성을 위한 법률
278. 소방산업의 진흥에 관한 법률
279. 소방기본법
280. 비송사건절차법
281. 자연환경보전법
282. 변호사법
283. 기업구조조정투자회사법
284. 전기통신기본법
285. 에너지법
286. 해양생태계의 보전 및 관리에 관한 법률
287. 사회보장기본법
288. 통신비밀보호법
289. 공증인법
290. 물류시설의 개발 및 운영에 관한 법률
291. 청소년활동 진흥법
292. 형의 집행 및 수용자의 처우에 관한 법률
293. 도시공원 및 녹지 등에 관한 법률
294. 태권도 진흥 및 태권도공원 조성 등에 관한 법률
295. 녹색건축물 조성 지원법
296. 우편법
297. 예금자보호법
298. 건설산업기본법
299. 금융회사의 지배구조에 관한 법률
300. 장애인활동 지원에 관한 법률
301. 언론중재 및 피해구제 등에 관한 법률
302. 국가재정법
303. 농지법
304. 게임산업진흥에 관한 법률
305. 정신건강증진 및 정신질환자 복지서비스 지원에 관한 법률
306. 디자인보호법
307. 의료기사 등에 관한 법률
308. 스마트도시 조성 및 산업진흥 등에 관한 법률
309. 내수면어업법
310. 한국주택금융공사법
311. 의료기기법
312. 유통산업발전법
313. 전통시장 및 상점가 육성을 위한 특별법
314. 여신전문금융업법
315. 해외자원개발 사업법
316. 산업교육진흥 및 산학연협력촉진에 관한 법률
317. 빈집 및 소규모주택 정비에 관한 특례법
318. 기업도시개발 특별법
319. 전력기술관리법
320. 국토기본법
321. 지하수법
322. 식품위생법
323. 광업법
324. 호스피스·완화의료 및 임종과정에 있는 환자의 연명의료결정에 관한 법률
325. 주식·사채 등의 전자등록에 관한 법률
326. 표시·광고의 공정화에 관한 법률
327. 골재채취법
328. 국민건강증진법
329. 새마을금고법
330. 여객자동차 운수사업법
331. 마리나항만의 조성 및 관리 등에 관한 법률
332. 한부모가족지원법
333. 국가를 당사자로 하는 계약에 관한 법률
334. 지방자치단체를 당사자로 하는 계약에 관한 법률
335. 축산물 위생관리법
336. 병역법
337. 음악산업진흥에 관한 법률
338. 국가균형발전 특별법
339. 첨단재생의료 및 첨단바이오의약품 안전 및 지원에 관한 법률
340. 공간정보의 구축 및 관리 등에 관한 법률
341. 공유수면 관리 및 매립에 관한 법률
342. 농수산물 유통 및 가격안정에 관한 법률
343. 아시아문화중심도시 조성에 관한 특별법
344. 신탁법
345. 자연공원법
346. 생활화학제품 및 살생물제의 안전관리에 관한 법률
347. 군인사법
348. 국제조세조정에 관한 법률
349. 낙동강수계 물관리 및 주민지원 등에 관한 법률
350. 주민등록법
351. 집합건물의 소유 및 관리에 관한 법률
352. 집단에너지사업법
353. 산림조합법
354. 반도체집적회로의 배치설계에 관한 법률
355. 자본시장과 금융투자업에 관한 법률
356. 담보부사채신탁법
357. 근로자퇴직급여 보장법
358. 국제과학비즈니스벨트 조성 및 지원에 관한 특별법
359. 수도법
360. 식품 등의 표시 · 광고에 관한 법률
361. 약관의 규제에 관한 법률
362. 인삼산업법
363. 종자산업법
364. 항공사업법
365. 건설기계관리법
366. 군형법
367. 궤도운송법
368. 기술의 이전 및 사업화 촉진에 관한 법률
369. 농수산물의 원산지 표시 등에 관한 법률
370. 담배사업법
371. 석유 및 석유대체연료 사업법
372. 가축전염병 예방법
373. 농어촌정비법
374. 식물신품종 보호법
375. 항공보안법
376. 중소기업창업 지원법
377. 군사법원법
378. 우주개발 진흥법
379. 해저광물자원 개발법
380. 산림복지 진흥에 관한 법률
381. 지능형 로봇 개발 및 보급 촉진법
382. 헌법재판소법
383. 옥외광고물 등의 관리와 옥외광고산업 진흥에 관한 법률
384. 혈액관리법
385. 국제항해선박 등에 대한 해적행위 피해예방에 관한 법률
386. 유료도로법
387. 독립유공자예우에 관한 법률
388. 신에너지 및 재생에너지 개발 · 이용 · 보급 촉진법
389. 신용정보의 이용 및 보호에 관한 법률
390. 출판문화산업 진흥법
391. 공항시설법
392. 국민 평생 직업능력 개발법
393. 아동 · 청소년의 성보호에 관한 법률
394. 방송법쉬
395. 신용보증기금법
396. 화장품법
397. 청소년 기본법
398. 인터넷주소자원에 관한 법률
399. 양곡관리법
400. 도로명주소법
401. 전자문서 및 전자거래 기본법
402. 산업기술의 유출방지 및 보호에 관한 법률
403. 국가기술자격법
404. 양식산업발전법
405. 산업기술혁신 촉진법
406. 새만금사업 추진 및 지원에 관한 특별법
407. 전자정부법
408. 지역 개발 및 지원에 관한 법률
409. 한국농어촌공사 및 농지관리기금법
410. 계량에 관한 법률
411. 기업활동 규제완화에 관한 특별조치법
412. 군에서의 형의 집행 및 군수용자의 처우에 관한 법률

해광출판사 대한민국 법령 시리즈

413. 규제자유특구 및 지역특화발전특구에 관한 규제특례법
414. 금융위원회의 설치 등에 관한 법률
415. 남녀고용평등과 일·가정 양립 지원에 관한 법률
416. 농어업인 삶의 질 향상 및 농어촌지역 개발촉진에 관한 특별법
417. 댐건설·관리 및 주변지역지원 등에 관한 법률
418. 국가유산수리 등에 관한 법률
419. 법원조직법
420. 보훈보상대상자 지원에 관한 법률
421. 부패방지 및 국민권익위원회의 설치와 운영에 관한 법률
422. 과학기술분야 정부출연연구기관 등의 설립·운영 및 육성에 관한 법률
423. 연구개발특구의 육성에 관한 특별법
424. 친환경농어업 육성 및 유기식품 등의 관리·지원에 관한 법률
425. 연안관리법
426. 영화 및 비디오물의 진흥에 관한 법률
427. 신용협동조합법
428. 방송통신발전 기본법
429. 범죄피해자 보호법
430. 가축 및 축산물 이력관리에 관한 법률
431. 국가표준기본법
432. 국가통합교통체계효율화법
433. 범죄인 인도법
434. 국가과학기술 경쟁력 강화를 위한 이공계지원 특별법
435. 국제경기대회 지원법
436. 금융혁신지원 특별법
437. 수자원의 조사·계획 및 관리에 관한 법률
438. 축산자조금의 조성 및 운용에 관한 법률
439. 소방시설 설치 및 관리에 관한 법률
440. 양성평등기본법
441. 축산계열화사업에 관한 법률
442. 수입식품안전관리 특별법
443. 대외무역법
444. 국가연구개발사업 등의 성과평가 및 성과관리에 관한 법률
445. 무역보험법
446. 기술사법
447. 광산안전법
448. 농약관리법
449. 농업·농촌 및 식품산업 기본법
450. 문화산업진흥 기본법
451. 부담금관리 기본법
452. 야생생물 보호 및 관리에 관한 법률
453. 한국은행법
454. 별정우체국법
455. 원양산업발전법
456. 콘텐츠산업 진흥법
457. 한국수출입은행법
458. 외국인투자 촉진법
459. 물류정책기본법
460. 전자서명법
461. 산업발전법
462. 산업표준화법
463. 소프트웨어 진흥법
464. 토지이용규제 기본법
465. 해수욕장의 이용 및 관리에 관한 법률
466. 정보통신 진흥 및 융합 활성화 등에 관한 특별법
467. 정보통신산업 진흥법
468. 지진·화산재해대책법
469. 소금산업진흥법
470. 위치정보의 보호 및 이용 등에 관한 법률
471. 외국법자문사법
472. 이러닝(전자학습)산업 발전 및 이러닝 활용 촉진에 관한 법률
473. 암관리법
474. 실용신안법
475. 가족관계의 등록 등에 관한 법률
476. 무인도서의 보전 및 관리에 관한 법률
477. 감사원법
478. 정보보호산업의 진흥에 관한 법률
479. 결혼중개업의 관리에 관한 법률
480. 공익신고자 보호법
481. 박물관 및 미술관 진흥법
482. 낚시 관리 및 육성법
483. 동산·채권 등의 담보에 관한 법률
484. 임금채권보장법
485. 국민투표법
486. 농림수산업자 신용보증법
487. 국가채권 관리법
488. 중소기업은행법
489. 식품안전기본법
490. 외국환거래법
491. 발명진흥법
492. 건설기술 진흥법
493. 기후위기 대응을 위한 탄소중립·녹색성장 기본법
494. 인체조직안전 및 관리 등에 관한 법률
495. 엔지니어링산업 진흥법
496. 신문 등의 진흥에 관한 법률
497. 식물방역법
498. 석탄산업법
499. 산업융합 촉진법
500. 비료관리법
501. 임업 및 산촌 진흥촉진에 관한 법률
502. 복권 및 복권기금법
503. 대규모유통업에서의 거래 공정화에 관한 법률
504. 뉴스통신 진흥에 관한 법률
505. 지능정보화 기본법
506. 자격기본법
507. 중소기업 기술혁신 촉진법
508. 국가공간정보 기본법
509. 농어업재해대책법
510. 방송광고판매대행 등에 관한 법률
511. 지식재산 기본법
512. 초고층 및 지하연계 복합건축물 재난관리에 관한 특별법
513. 해양 조사와 해양정보 활용에 관한 법률
514. 공간정보산업 진흥법
515. 공공기관의 정보공개에 관한 법률
516. 행정기본법
517. 해상교통안전법
518. 농어업재해보험법
519. 문화유산의 보존 및 활용에 관한 법률
520. 자연유산의 보존 및 활용에 관한 법률
521. 국토의 계획 및 이용에 관한 법률
522. 건축법
523. 국민건강보험법
524. 계엄법
525. 환경친화적 선박의 개발 및 보급 촉진에 관한 법률
526. 해양폐기물 및 해양오염퇴적물 관리법
527. 연안사고 예방에 관한 법률
528. 전기안전관리법
529. 의약품 등의 안전에 관한 규칙
530. 공공보건의료에 관한 법률
531. 군보건의료에 관한 법률
532. 농어촌 등 보건의료를 위한 특별조치법
533. 보호소년 등의 처우에 관한 법률
534. 국가를 당사자로 하는 소송에 관한 법률
535. 간호법
536. 국립묘지의 설치 및 운영에 관한 법률
537. 주류 면허 등에 관한 법률
538. 부가가치세법
539. 자율운항선박 개발 및 상용화 촉진에 관한 법률

*** 해광출판사의 법령 시리즈는 계속 발행 됩니다.**
**** 각 도서의 개정판은 인쇄일을 기준으로 제작 되었습니다.**